Observing Learning in Early Childhood

读懂儿童从观察开始

[英] 斯特拉·路易斯（Stella Louis）/ 著
范明丽　施静茹 / 译

中国轻工业出版社

图书在版编目（CIP）数据

读懂儿童从观察开始／（英）斯特拉·路易斯（Stella Louis）著；范明丽，施静茹译. -- 北京：中国轻工业出版社，2025. 9. -- ISBN 978-7-5184-5659-8

Ⅰ. G612

中国国家版本馆CIP数据核字第20258AR591号

责任编辑：张天怡　　责任终审：张乃柬
文字编辑：徐烨佳　　责任校对：刘志颖
策划编辑：高　君　　责任监印：吴维斌

出版发行：中国轻工业出版社（北京鲁谷东街5号，邮编：100040）
印　　刷：三河市鑫金马印装有限公司
经　　销：各地新华书店
版　　次：2025年9月第1版第1次印刷
开　　本：710 × 1000　1/16　印张：12.75
字　　数：160千字
书　　号：ISBN 978-7-5184-5659-8　定价：52.00元
读者热线：010-65181109
发行电话：010-85119832　010-85119912
网　　址：http://www.chlip.com.cn　http://www.wqedu.com
电子信箱：1012305542@qq.com

250284Y1X101ZYW

译者序

作为一名学前教育领域的研究者与实践者，我始终关注儿童发展的核心议题：如何通过科学观察理解儿童的学习与发展。在翻译本书的过程中，我深刻感受到作者对儿童教育本质的洞察，学习到作者将理论转化为实践的系统方法论。本书不仅为婴幼儿教师提供了观察儿童的实用工具，更构建了一个以“观察—解读—联结—支持”为核心的动态教育框架。这一框架既契合当代学前教育强调的“儿童为本”的理念，又能帮助教师突破传统教育模式中“经验主导”的局限，从观察出发对儿童做出更加全面的评价，进而制订适宜的教育计划，真正实现从“看见”到“看懂”儿童的跨越。

本书的十章内容层层递进，既涵盖观察的理论根基，又落脚于具体的实践策略，形成了一套以“观察”为核心的幼儿教育循环系统。它首先指出，观察是教师从专业视角捕捉儿童行为背后的思维的工具，号召教师关注儿童行为中非预期的自发学习信号；然后，在教师对观察有一定认知的基础上，以系统的方式通过观察的循环流程和学习网络部分的内容指导教师建立完整的观察体系（准备—记录—分析—反馈），学习如何进行科学观察。此外，本书以“游戏的 12 个特征”和“图式”为理论中心，通过翔实且生动的案例揭示了儿童游戏中蕴含的深层学习逻辑。例如，“轨迹图式”（儿童反复抛掷和滚动物体的行为）往往标志着空间认知的关键发展期，教师可据此设计斜坡建构、轨道实验等活动，将自发性游戏转化为结构化学习。这些内容为“重视儿童学习品质”的要求提供了可操作的理论支撑。紧接着，本书作者在对儿童图式进行解读的基础上进一步解读儿童的学习，加深教师对儿童的了解。基于对儿童的观察，作者建议从中发现儿童的兴趣点与发展需求，进而生成适应性课程。这种模式与当前我国幼儿园课程改革中倡导的“生成性课程”“项目式学习”高度契合，为教师突破“教案执行者”角色提供了切实的路径。此外，本书还为教师从观察的维度进行家园合作，从而建立更优质的家园合作关系提供了建议。最后，本书回归教师的专业成长，强调观察能力的发展需要理论研习、实践反思与专业对话的三重支撑，这对我国幼儿园教师培训体系的完善具有重要启示。

在翻译过程中，我不断地反思中国学前教育的发展现状。当前，尽管教育部于 2012 年颁布的《3—6 岁儿童学习与发展指南》推动了观察评价的普及，但许多教师仍陷于“不会观察”“不懂分析”的实践困境。本书的独特价值在于它能够揭示工具背后的教育学逻辑。这种将教育理论与具体实践方法进行有机结合的创作模式，克服了读者的操作性使用障碍。例如，在解答“为什么同一图式在不同的文化背景中表现不同？”这一问题时，作者提醒教师须结合社区文化和家庭环境进行差异化解读，这种开放性思维正是专业观察者所必备的素养。教育部于 2022 年颁布的《幼儿园保育教育质量评估指南》将观察从“教师能力”升级为“质量评估方法论”，在教育过程中的各个方面都强调通过自然科学的观察为儿童提供适宜的教育支持。本书中的内容可帮助教师反思当前工作中存在的观察碎片化、浅显化、孤立化的现象，也对教师的观察能力提出了要求，有助于促进我国婴幼儿教师的专业发展。

本书揭示了一条朴素的真理：教育的真谛不在于我们教了什么，而在于我们看见了什么。当我国幼儿园开始摒弃“写观察记录为应付检查”的异化做法时，本书恰如及时春雨，帮助教师对儿童进行全面、客观的评价，为“用观察重构师幼关系”的本土实践提供理论清泉。在此，我要衷心感谢本书作者以专业的笔触为我们搭建了一座可以跨越时空进行深度对话的桥梁，其字里行间的洞见与热忱，让每一位读者都能感受到思想碰撞的力量。另外，为了让读者更好地理解原著所提倡的理念，本书添加了一些插图。在此也要感谢山东省潍坊新华幼儿园的孩子们：他们用稚嫩的画笔勾勒出的童真世界，如灵动的色彩点亮书页，让严谨的文字叙述焕发出蓬勃的生命力，也让这份知识的传递多了一份纯粹的温暖与感动。最后，谨以此译作致敬所有愿意为儿童俯身的教育者，你们目光所及之处，便是童年最生动的模样。

范明丽

2025 年 3 月

目　录

第一章 观察的意义 / 001

第二章 观察的循环流程 / 019

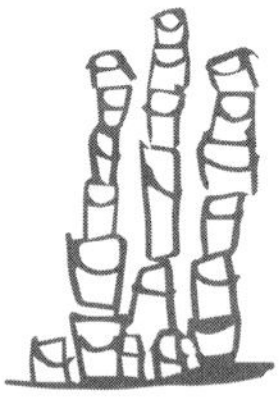

第十章

将专业知识应用于实践

第一章

观察的意义

爱（1）班　祺祺（5岁）

本章将通过拆解观察的过程来分析观察的重要性，并深入讨论如何将观察作为一种工具，使其成为日常教学实践的重要组成部分。观察教学法至关重要，本书将作为一种反思工具，帮助教师对自己所做的观察进行评估和反思。此外，本书还将帮助各类教育机构的管理者思考如何将观察融入“注意”“识别”“回应”和“反思”等环节，以此支持教师的教与学。

幼儿园长期存在的观察传统，有助于我们理解儿童是如何发展与学习的（Froebel，1887；Isaacs，1929）。苏珊·艾萨克斯（Susan Isaacs）早在1929年便认识到观察的重要性，并指出：

> 当然，我们不可能很清楚地知道婴幼儿眼中的世界是什么样子的，因为他们眼中的世界与我们的大相径庭。但是，如果我们将理解婴幼儿作为唯一的目的，耐心地倾听婴幼儿之间的对话，观察他们的行为，我们就可以想象出他们的恐惧、愤怒、困惑和喜悦；也可以愿他们所愿，见他们所见，想他们所想。（1929，p. 15）

这里的“观察”主要是指观看、倾听和识别婴幼儿的行为，聚焦于婴幼儿的兴趣和疑惑，用于描述和支持婴幼儿的学习方式。持续地观察是教与学过程中至关重要的一部分。

观察有助于我们更好地理解儿童。教师应当定期观察儿童，识别他们的发展水平、兴趣和学习方式。支持观察实践的一个重要前提是，教师应了解儿童的典型发展规律。这将帮助他们了解相应的学习内容，并将其与儿童当前的发展与学习阶段相匹配。有效地观察儿童，需要教师结合儿童发展与学习阶段及过程的各类知识，这不仅包括儿童发展的知识，还包括对儿童如何思考、感知和通过游戏进行学习的理解。

观察的重要性

让我们从“观察为什么对实践很重要？”这个问题开始。

观察可以让教师了解儿童的需求、兴趣以及他们的最佳学习方式。一次观察就如同讲述一个关于儿童及其行为的故事。它有助于教师捕捉特定时刻，理解和解释儿童的知识、行为及需求。观察者不是一个容易的角色，他们需要具备耐心和自制力，并对儿童的典型发展规律有着敏锐的觉察力、丰富的专业认知以及深刻的理解。观察者应能洞察儿童的行为、语言和问题的含义，并迅速采取行动，对他们做出回应。观察者需要持续记录儿童的重要行为和语言，然后反思儿童行为和语言的含义，并知道如何为他们提供帮助，或者进一步提高他们的发展水平。通常情况下，一份观察记录应当包括日期、学习发生的背景以及对儿童的思考、发展和学习的准确描述，还需要备注观察的具体时间和观察者的姓名。

观察和识别儿童的学习

对儿童进行观察是十分必要的，如此，我们不仅能够满足儿童个性化和多样化的需求，还能检验自己为儿童提供的帮助是否合适。对儿童的观察有助于我们了解他们的动作、行为和关注点，进而明确儿童在哪些方面需要得到支持。只有通过观察，我们才能了解儿童，了解他们能够做什么、需要哪些帮助，以及对什么感兴趣。如果教师知道儿童能够做什么，那么他们就可以利用这些信息去支持、促进和拓展儿童的学习。观察实践的这一方面意义重大，教师不仅需要了解儿童的现有发展水平，而且需要知道如何带领儿童进入更高水平的学习（Vygotsky，1978）。

通过对儿童的学习进行持续观察，我们可以获取有关儿童发展的知识，并深刻理解儿童的发展；通过追踪他们取得进步的情况，了解他们的愿望、需求和恐惧，我们就会知道何时需要为他们提供更多类似的体验。从这个意义上讲，观察能确保我们更好地为儿童个性化的需求制订计划。如果不对儿童进行观察，教师的计划将建立在对儿童已有知识和经验的假想之上。而对儿童的兴趣和动机了解得越多，教师就越能为儿童的学习提供更适宜的支持。

观察的过程

对儿童展开循序渐进的、反思性的、分析性的观察至关重要，它能让我们结合儿童发展理论进行深入思考。也就是说，观察儿童的主动学习不是一项简单的任务。注意到儿童所表现出的特定技能，并解释他们行为的含义，是一项复杂且艰难的工作（Nutbrown & Carter，2010）。在不同的情境下观察儿童时，需要了解他们的所思所想，同时理解和解读儿童的经验及所处的发展阶段，并记录儿童在我们的支持下所取得的成就，这项工作极具挑战性。观察儿童的兴趣不能只是“看”，它要求观察者研究儿童在游戏中反复出现的细节和模式，考虑他们的直接经验和文化背景，并将其与自己所了解的儿童发展情况、已有经验和兴趣联系起来。通过整合这些重要的信息，我们能知道如何对儿童个体建立合理的期待。要在不同的情境下观察，以确保评估的公平性，这一点很重要。此外，观察还将帮助我们理解儿童，并有效地为他们提供基于兴趣的体验。如果我们没有花足够的时间观察儿童，理解自己所观察的内容，就无法为其提供更多的帮助（Bartholomew & Bruce，1993）。

我们反思自己所做的观察，就能对制约儿童学习与发展的因素有所了解。然后，基于对儿童认知和能力水平的认识，我们可以对环境做出必要的改变，以帮助儿童克服这种障碍。对于教师而言，观察不仅是教育教学工作，还是日常工作的重要组成部分。有效的观察能为儿童的顺利发展与高效学习创造条件。正因如此，观察的重要性不言而喻。

观察训练的意义

观察是一项需要学习的技能。这项技能只有经过定期训练，才能逐步得到提高和完善。观察技能的培养并非一次"短跑"，而更像一场"马拉松"——观察训练是一个持续的过程，需要教师进行相关的专业实践，包括学习如何观察、倾听和客观地思考儿童的所作所为。这意味着，在实际操作中，教师应运用儿童发展知识，避免先入为主的观念影响观察，同时努力地理解所观察到的内容。教师还应对他们所观察到的内容做出判断，以便决定如何进一步支持或者拓展儿童的学习。

观察教学法

观察教学法关注的是在制订教学计划、创编活动以及为儿童准备有目的的学习体验（这些体验将联系并加强儿童的已有经验）时，我们如何将儿童视为独立的个体。通过这种方法，我们将展示自己对儿童所经历的不同发展阶段的理解；儿童每一阶段的发展须以前一阶段为基础。观察教学法还体现为：我们如何充分尊重儿童的每个发展阶段，让其充分体验而非匆忙推进；我们如何仔细地观察和聆听儿童的言行，思考当前教学背景下儿童的需求，与儿童互动并建立关系，以及我们是否具备向儿童提出有意义的问题并倾听他们的回答的能力。

观察教学法是幼儿教育教学实践的关键所在，因为教师主要是通过观察来理解儿童的学习的。如果教育实践没有以观察为基础，那么我们便不能有效地将教学聚焦于儿童个体。观察是有效地教与学的重要工具，因为它为教师提供了判断儿童当前学习和理解水平的起点。尽管儿童会经历特定的发展阶段，但这些阶段不是固定的，而是取决于他们的经验。对此，福禄贝尔（Froebel，1887）曾指出，教师必须意识到这些不同的发展阶段，并关注儿童所处的发展阶段。

儿童不仅在他人的指导下学习，也会在教育者（善于引导儿童的成人）所组织的有目的的游戏活动中学习。正因如此，我们需要基于对儿童的观察所得为其提供活动和体验。优质的教育教学是儿童发展的关键因素，它能确保儿童在各个发展领域都获得有意义学习（significant learning）的机会。

尽管我们无法观察儿童做的所有事情，但是我们可以重点关注儿童具有重大意义的学习。如果我们想让观察有价值，那么它必须能够对儿童当下的学习状态产生影响。观察、评估和计划三者处在一个相互联系的循环体系之中（我们将会在第二章进一步探讨这一点）。有时，我们需要对儿童做出即时回应——退后一步继续观察或者通过提供帮助来鼓励他们。回应儿童的方式取决于儿童的特点以及我们与儿童之间的关系，因为有些儿童性格外向，有些儿童则性格内向；有些儿童自信，有些儿童则不然。同等重要的是，教师要意识到自己的在场会对儿童的游戏产生怎样的影响（让儿童感到更加安全，还是让他们变得更加拘谨）。

观察实践的持续发展意味着一种教学法，在这种教学法中，教师不仅要积极参与，还应该知道如何利用观察有效地支持和拓展儿童的发展与学习。观察技能不是仅通过“看儿童”来培养的，而是在我们采取行动，为儿童的进一步发展提供他们所需的支持时形成的。在这个过程中，我们会对儿童产生新的认识。除非根据对儿童的系统观察来制订课程计划，否则我们会不经意地要求他们通过一种固定且缺乏灵活性的课程进行学习。观察则有助于我们根据儿童的个性化发展需求来调整课程，而不是要求儿童去适应课程。

观察作为一种工具

观察儿童在成长过程中所经历的快速变化，是一件令人着迷的事情。儿童的所有发展领域（身体、心理、语言、社交和情感）都在变化和发展，这些领域相互交织、彼此影响。正因如此，教师应定期观察儿童的变化，以全面了解儿童的成长和进步。这些观察需要捕捉和描述儿童在游戏及探索中富有思考地参与和互动的方式。

儿童是通过与他人、物体和情境的互动来学习的。这些互动经验会为他们的人生之路引航。游戏和探索是儿童与生俱来的学习方式，教师将观察到，儿童在通过动手操作和探索发现来应对新经验的过程中，是如何逐渐融入其中的。当儿童开始将这些经验与他们的已有经验联系起来时，这些经验将帮助他们练习、记忆和发展自己的思维及想法。教师应该观察儿童的兴趣、动机、发现事物的方式以及在假装游戏中的投入程度。密切关注儿童验证自己的想法和解决困难的方式，我们就会发现他们的兴趣。教师还应当观察儿童如何理解周围的世界、如何发展思维、如何掌控自己的学习；应当理解儿童的思维，帮助儿童将自己的已有知识与新环境建立联系，并在新环境中以有意义的方式应用自己的已有知识。

观察的方法

教师如何系统地观察儿童的发展并记录他们的学习，将取决于诸多因素，包括观察者的个人能力、对儿童典型发展的认知及所任职的教育机构。一些教育机构为教师提供数字平台及平板电脑来进行观察和记录，而另一些教育机构要求教师使用附有简短说明或便利贴的照片。比如，在两周内拍摄三张相互关联的系列照片以记录某名儿童的成长：第一张照片的画面是儿童试图爬过一根大原木；第二张照片是几天后拍摄的，展示了儿童能够爬得更远；第三张照片是在第二周的周末拍摄的，这时儿童已能够爬过大原木。这种按照时间顺序拍摄的系列照片呈现了儿童学习的全过程，能够帮助观察者获取有关儿童发展的基础信息。其中最后一张照片可能表明这名儿童能够攀爬，但是它不会告诉我们这名儿童为此付出的努力以及他在关注什么。因此，教师必须要掌握用于解读和分析呈现儿童学习过程的照片所依据的知识体系（Flannery Quinn & Manning, 2013）。教师应当使用各种各样的方法，例如与儿童讨论、提问、有计划地或自发地观察、专业对话和利用来自家庭的观察记录等。

作为合作伙伴和观察者的家长

教师在帮助家长（尤其是新手家长）了解儿童的学习动机方面发挥着重要作用。儿童大多不善于用语言表达他们的需求、想法和感受。但是，家长通常可以通过解读儿童行为中的线索，了解他们的感受和需求（Whalley，2017）。这就是教师与家长合作的意义所在——共同努力，真正有意义地理解每名儿童的发展情况和学习倾向。

教师需要把家长看作儿童的积极观察者，并且可以借此与其建立合作伙伴关系。教师可以鼓励家长观察和参与儿童的游戏，让他们时常在一旁为儿童提供支持并拓展其游戏。鼓励家长分享他们在家中对儿童学习所做的观察，有助于教师了解家长对儿童游戏的重视程度。当教师和家长以这种方式合作时，他们便建立了以尊重和理解为基础的强有力的合作伙伴关系。

例如，一位家长向教师分享了他的观察。拉斐尔（2 岁 5 个月）把 5 辆玩具车放在了他的婴儿车座椅上，然后走到婴儿车后面推它，一边说“我的宝宝”，一边又说“我的妈妈”。家长向教师解释道，“我的妈妈”的意思是“我是妈妈”，“我的宝宝”的意思是“我的弟弟”，拉斐尔还不太会使用代词。

当教师向拉斐尔的父母分享她的想法时，拉斐尔的父母对这一特别的观察很感兴趣。教师认为，这是拉斐尔的一种学习方式——他使用玩具车和婴儿车象征性地表达了他对自己家庭养育方式的理解，并且他认识到自己也可以照顾他人。通过这个例子，我们可以清楚地知道：虽然教师与家长对同一次观察会产生不同的理解，但是都做出了有价值的解释。需要指出的是，家长和教师都是根据自己的期待、认知和信念解读自己对于儿童游戏和探索的观察的。对于教师而言，与家长建立有效的合作伙伴关系的基础是进行有意义的双向对话，这包括肯定、倾听并重视家长对儿童发展的关注，同时尊重彼此的观点、支持家长为儿童提供最好的早期教育。

通过观察发现儿童的差异性

每名儿童都有独特且多样化的学习方式和学习节奏，我们必须认识到这一点。为了帮助儿童根据自己的需求、兴趣和学习方式进行学习，教师应尽可能地了解他们。虽然所有儿童都是积极主动的学习者，但有些儿童乐于深思熟虑地观察周围的事物，有些儿童则想要探索和研究事物，进行假想游戏，搭建积木，或者以充满想象力的抽象方式用符号表征自己的经验。教师应明确儿童是需要更多相似的活动还是需要通过拓展学习来丰富游戏，并在观察儿童时充分考虑儿童之间的差异。

有些儿童有着不同的文化背景，其教育机构所在国家的语言是他们的第二语言；有些儿童可能在学习上遇到某些特定的障碍。教师需要意识到这些差异是如何影响儿童的，并且不要对他们的行为举止妄下论断。

当我们开始观察儿童的行为，倾听他们所说的话，并且和他们一起参与活动时，我们不仅能够发现他们的兴趣，还能了解他们的学习方式。由此，教师可以判断儿童更喜欢哪种学习方式。观察儿童的兴趣是一项极具挑战性的任务，因为儿童要经历特定的学习阶段，其间他们会对观察、探寻、发现、感知和调查更感兴趣。儿童的行动过程是不容忽视的。成人不能理所应当地觉得只要为儿童提供活动或某种经历，他们就会进行学习。教师可以通过观察和基于儿童当下的需求提供支持来促进儿童的学习，并思考如何使环境更好地匹配儿童的发展需求。教师如何评判儿童的学习也很关键，当被要求观察儿童的有意义学习并考虑如何做出回应时，他们需要花时间反思自己的观察。作为观察者，教师必须学会对儿童正在做的事情做出有效的回应。虽然这在一开始可能很困难，但是通过定期训练，教师不仅能够观察到重要时刻，还能更好地推测出儿童的游戏可能如何展开，从而全面了解儿童。

观察和评估

评估是观察和计划之间的纽带。教师须确保评估既具备回应性，又能满足儿童的需求。这涉及对观察结果的解读方式，以及我们与儿童的互动和回应儿童的方式。教师要知道，儿童需要大量的机会参与身体游戏，这一点很重要。运动对于儿童的学习至关重要，能够让儿童接触更广阔的世界。儿童会经常探索那些能够鼓励其动起来的玩具或物品，也会谈论自己正在做的事情，还需要时间和空间去重复练习已经获得的新技能。成人不应该阻止儿童重复做动作，因为儿童常常会以新的方式应用他们已有的知识。儿童需要有机会克服环境中的障碍，能够畅所欲言并被倾听。在充满数字的环境中，儿童会在歌曲和游戏中重复念数字，即使自己尚未理解它们的含义（Munn，2009，p. 1）。例如，当我们观察到马赛厄斯（2 岁 9 个月）在托儿所里一边把玩具车一辆接着一辆地从桌子上移开，穿过房间递给他的朋友，一边数着数时，我们要关注他的数字技能还是后退一步进行观察呢？最终，儿童将依靠他们有关数字的直接经验来支持和挑战他们的思维。一位靠近马赛厄斯的教师观察到了许多数学用语，比如“这又有 1 辆，总共有 1，2，3 辆，这还有 1 辆……”，但她并没有让马赛厄斯计数或询问他一共有多少辆车。相反，她让马赛厄斯“储存”这些语言，以便日后使用。基于对马赛厄斯的观察和了解，这位教师意识到马赛厄斯正在游戏中使用加减法，并深化了对数量的理解。她还注意到，对于马赛厄斯而言，四处走动十分重要。这似乎能帮助他将数字与物品一一对应起来，并让他感觉到需要更多的东西就得更多地走动，从而更加全面地理解什么是“更多”。总有一天，他能一边数数，一边用一根手指挪动对应的物品。

注意、识别和回应

不同的教育机构将使用不同的技术和方法指导教与学。《新西兰早期教育实践指南》[①]（The New Zealand Early Years practice guide，2004）中的《儿童早期学习评价》（Kei Tua o te Pae/Assessment for Learning）[②]为我们提供了一种非常实用的观察方式。在这份指南中，观察被定义为包括“注意、识别和回应”这三个步骤。对于观察儿童这一行动而言，这三个步骤中的每一个步骤都十分重要。首先，教师要捕捉到重要时刻，然后在决定如何做出回应之前，根据他们的专业知识和判断，理解他们所看到的内容。教师还须认识到，在日常实践中，观察不是一种肤浅的行为，相反，它植根于我们的所见所闻、我们对儿童的回应方式以及我们与儿童的关系之中。正如曼宁－莫顿（Manning-Morton，2008，p. 11）所言，“注意不仅是表

① 由新西兰教育部发布，旨在为早期教育工作者提供支持，帮助他们实施《新西兰早期教育课程框架》（Te Whāriki）。它强调了以儿童为中心、基于游戏的学习和尊重文化多样性等原则，适用于0—5岁儿童的早期教育服务。——译者注

② 由新西兰教育部发布的一套资源，旨在支持早期教育工作者理解和实施有效的学习评价实践。——译者注

面上看起来的吸收知识，在有效的实践中，注意还涉及以下方面：

- 感知——我们如何用感官注意；
- 专注——我们在关注什么；
- 协调——我们如何与儿童同频并产生共鸣。”

注意是观察的重要组成部分。它关乎教师如何接收和解读他们所看到的内容，是我们记录儿童新学习的起点。我们可以重点关注儿童的以下行为，比如如何应对新经验、是否进行集体游戏、与朋友在一起时会说什么样的话或在角色扮演区喜欢做些什么。注意可以帮助我们了解每名儿童，意识到是什么在激励或者吸引着他们，这有助于我们对儿童产生新的认识。

识别也是观察过程中不可或缺的组成部分。对于教师而言，识别也非常重要，因为他们需要探究并反思自己如何识别和关注儿童的学习。观察是过程（识别、分析、解读所观察到的内容）中的一部分，根据观察采取行动则是另一回事。识别使教师不仅能敏锐地觉察和回应儿童，还能利用有关儿童如何思考、感知和学习的知识来进行观察。教师如果不能识别重要时刻和儿童的发展情况，就可能导致不恰当的评估，给儿童带来不良的影响。

回应是指教师与儿童同频，以及以一种有教育价值的方式立即回应儿童新出现的学习、需求和人际关系的能力。教师需要通过观察做出准确的评估，以进一步支持儿童的学习。注意到有意义学习发生的地方，有助于教师判断如何支持或拓展儿童的学习。这种回应可能是即时的，也可能发生在之后的某个时刻。如何回应是观察过程中的关键部分，尤其是在教师立即采取行动以有效支持和拓展儿童的学习的时候。

观察的实施

对于教师而言，收集观察结果并据此采取行动涉及三个重要方面（Louis，2021）。

首先，应该创设一个精心准备的学习环境，无论是室内还是室外，都要能够支持儿童在其当前发展阶段和下一阶段的成长（Vygotsky，1978）。丰富的环境和资源有助于支持儿童成为积极的学习主体，使他们敢于表达自我（Froebel，1887）。教师创设的学习环境应确保所有儿童都能参与其中，并且其贡献会得到重视。对于儿童游戏和探索的观察必不可少，因为它们能帮助教师“识别儿童的想法和经验”（McTavish，2018，p. 14）。此外，教师还应利用观察结果来培养儿童已知的兴趣，支持他们的学习、沟通和学习风格。

其次，应该为儿童提供有意义的学习体验，这些体验应该与儿童所处的社会和文化相适应，并富有刺激性和吸引力。如果教师观察到儿童对某个特定主题或事物感兴趣，那么他们就应该为其提供机会来支持这一点。例如，如果教师观察到儿童在玩假装做饭的游戏，那么他们可以在角色扮演区投放烹饪用具，并想一想哪些烹饪活动可以让儿童积极参与，以及还可以在学习环境（无论是室内还是室外）中添加哪些材料和资源。这要求教师对儿童正在做的事情和学习方式感兴趣，因为他们必须仔细思考如何以与儿童所处的社会和文化相适应的方式鼓励并支持儿童的全面发展。教师应确保所提供的体验能够反映他们所服务的儿童及其家庭的文化和生活方式，而非仅“以欧洲为中心”（只考虑欧洲儿童家庭的需要），同时确保自己所提供的体验与环境中的所有儿童都相关。

最后，应该密切关注儿童正在做的事情，以了解他们正在发展的能力，进而与他们同频。这意味着，教师需要思考儿童正在探究的想法，而观察给教师开辟了“一条可以很好地了解儿童、与儿童一起工作、知道何时给他们提供空间去独自反思和行动，或者与其他儿童一起主动行动的路径”（Louis，2021，p. 15）。换言之，观察能带来一种有助于了解儿童的途径，它在某种程度上影响着教师的教学，以及他们与儿童的关系，有助于教师深入了解儿童的兴趣、能力、优势、知识和技能，从而更好地支持、拓展和融入他们的学习。

反　思

教师需要做到以下几点。

- 回顾自己目前对系统观察儿童的态度和已采取的方法，确定自己是否聚焦于儿童做事的不同方式和他们能做的事情。
- 确保自己的观察方法能获取有关儿童发展的全面信息。
- 对儿童的探索进行有意义且易于操作的观察，以便观察结果可供利用。
- 考虑如何最好地利用目前对儿童游戏的观察结果，将其作为一种工具来发展或支持他们的思维。
- 定期参加培训，以更新自己对儿童发展的认知和理解。

小　结

如果教师想以一种有意义的方式观察儿童，他们就需要深入了解儿童的发展，包括了解儿童是如何思考、感知和学习的。由此，他们将了解儿童在特定发展阶段的需求和所做的事情。这意味着，教师要根据他们所了解的情况进行观察，并理解儿童学习与发展的方式，同时基于对儿童的了解（如对儿童的兴趣、关注点和能力的认知）提供支持。无论教师采取哪种方式，他们都需要通过观察充分发挥儿童的兴趣、关注点和优势的作用，并帮助他们弥补不足。只有当教师基于儿童的兴趣，指导并促进他们的学习与发展时，观察才会有价值。

参 考 文 献

Bartholomew, L. and Bruce, T. (1993) *Getting To Know You: Guide to Record-Keeping in Early Childhood Education and Care (0-8 Years Series)*. London: Hodder Education.

Flannery Quinn, S. and Manning, J. (2013) 'Recognising the ethical implications of the use of photography in Early Childhood educational settings' . *Contemporary Issues in Early Childhood*, 14(3): 270–8.

Froebel, F. (1887) *The Education of Man*. New York: Appleton.

Isaacs, S. (1930) *Intellectual Growth in Young Children*. London: Routledge and Sons.

Isaacs, S. (1929) *The Nursery Years*. London: Routledge and Sons.

Louis, S. (2021) 'Have observations become confused with recording?' *Early Education*, 94: 14–15.

Manning-Morton, J. (2018) 'Noticing, recognising, responding and reflecting: The process of observing infants and young children' . *Early Education*, 85: 11–13.

McTavish, A. (2018) 'The pirates! Using observation to support English as an Additional Language (EAL) through imaginative play' . *Early Education*, 84: 14–15.

Ministry of Education (2004) *Kei Tua o te Pae/Assessment for Learning: Early Childhood Exemplars.* Wellington: Learning Media Limited.

Munn, P. (2009) 'Parent Leaflet – The Maths Pyramid for Babies and Young Children' .

Nutbrown, C. and Carter, C. (2010) 'The tools of assessment: Watching and learning' in G. Pugh and B. Duffy (eds), *Contemporary Issues in the Early Years* (5th edn). London: Sage.

Vygotsky, L.S. (1978) *Mind in Society: The Development of Higher Psychological Processes.* Cambridge, MA: Harvard University Press.

Whalley, M. (2017) *Involving Parents in their Children's Learning. A Knowledge-Sharing Approach* (3rd edn). London: Sage.

第二章

观察的循环流程

爱（1）班　小荻（5岁）

本章将谈及观察的一些实践要素，以及将观察融入日常实践的方法，包括观察的原因、内容、地点、方式，以及记录观察的过程、观察在档案记录中的目的和用途等；探讨无意识的偏见、不同的观察方法及其优缺点；也将介绍几种可应用于实践的观察记录方式，例如叙事记录、有效的早期学习追踪（Effective Early Learning Tracking，EEL[①]）和社会关系网络图。本章还谈及英国各地和其他国家的教育框架：包括英格兰的《早期基础阶段》（Early Years Foundation Stage，EYFS）"观察—评估—计划"流程、苏格兰的《卓越课程》（Curriculum for Excellence）、威尔士的《基础阶段课程》（Foundation Phase Curriculum）；以及爱尔兰的《早期教育课程框架》（Aistear: the Early Childhood Curriculum Framework）和新西兰的《儿童早期学习评价》。

观察是"观察—评估—计划"循环流程中的一部分。实际上，这些步骤都是可视化的，可以定期开展。这一循环流程起始于对儿童学习的描述，这意味着我们需要关注自己的所见所闻并且描述那些令我们突然警觉和引起我们关注的儿童行为。描述儿童的学习，也有利于我们发现那些对儿童来说新奇或不同的事物。

福禄贝尔（1782—1852）强调了对儿童进行观察的重要性。他的观察记录揭示了儿童是如何在其自主活动、直接经验以及与他人

① 它是实现个性化教育的核心工具，旨在通过系统化的观察记录与数据分析，动态把握儿童发展的轨迹，为教育决策提供实证支持。——译者注

的互动中获得成长和发展的。对于福禄贝尔而言，观察是教育教学中不可或缺的工具，可用于有效地支持儿童的学习。他的观点如下：

> 观察儿童对我们来说也同样重要。在这个过程中，我们得以窥见自己遥远的童年时光，仿佛我们只能在镜子中看见自己的面容。通过观察，我们不仅能够了解自己和自己的生活，还能使自己成为更完整的个体。（Froebel，in Lilley，1967，p. 79）

这段话的重要性在于，它让我们思考自己的反思方式如何将自己的回忆、理解和愿望叠加到我们所教育的儿童身上——这不一定是一件坏事。正如福禄贝尔所言，观察是一种理解自己的生活，进而理解儿童的方式。然而，教师必须注意，切勿想当然地认为自己的想法与被观察的儿童的想法是相同的。

教师须具备良好的专业素养，并理解观察是其中不可或缺的组成部分。一旦他们养成了定期观察的习惯，这种习惯就会逐渐内化为他们的第二天性，使他们能够洞察并专注于儿童自然流露的内在动机。观察是一种重要的工具，它能为教师提供信息，帮助他们满足儿童的需求。通过掌握儿童发展知识并观察儿童的行为，教师可以深入理解儿童在特定时刻做出某些行为的原因。如果缺乏这些基本知识，教师就可能会错误地解读儿童试图传达的信息，导致师幼互动陷入僵局。观察是教育教学的基本要素，它要求教师仔细地观看、倾听、注意、支持儿童，并与儿童及其背后的事件保持联系。

观察就是看、注意和倾听

杰克（1 岁）坐在婴儿车上，把防晒霜瓶子贴到自己的耳朵上。然后，他把一个长方形的盖子竖靠在椅背上，假装正在与人进行视频通话。

观察的下一步是评估，即分析或解释观察内容，以增进对儿童学习方式的理解。这要求我们思考观察所提供的信息及其意义。在上述例子中，杰克开始尝试使用替代物，完成了从具象游戏（literal play）向象征性游戏的过渡。

计划是最后一步，即我们如何处理从观察中获得的信息。重要的是，不要仅凭一次观察就得出结论。对大量不同的经历和活动进行一系列的观察，有助于我们更好地分析。因此，我们应当收集更多在不同情境下对杰克的观察记录，并在环境中投放更多的开放式资源，以支持杰克的象征性游戏。

在多种游戏情境中观察儿童

- 室内游戏；
- 户外游戏；
- 独自游戏；
- 平行游戏；
- 与同伴结对游戏或进行小组游戏；
- 集体游戏；
- 想象性游戏；

- 小小世界游戏[1]；
- 建构游戏，如玩积木；
- 创造性游戏；
- 体育游戏。

观察应当引发行动，而这种行动可以有多样化的形式。当教师完成了对观察结果的分析时，他们便能够更有效地改变环境，以支持、促进和拓展儿童的学习，或者激发儿童的兴趣。教师应仔细地考虑如何回应儿童，并与之互动，从而支持和拓展儿童的学习，对他们的学习的数量和质量进行评估。儿童与成人在行为方式上存在显著差异。我们应对儿童抱有合理的期待，而不是期望他们与成人有着同样的行为举止。儿童的学习与发展体现在他们使用各种材料和资源所进行的游戏中。通过反思自己对不同情境下儿童的密切观察，我们可以更有效地制订计划以帮助儿童取得进步。

合乎道德的观察

观察记录与评估必须经得起外界的审视和质疑。在观察儿童的过程中，我们与儿童建立的关系至关重要，它有助于我们发展一种以儿童为中心的合乎道德和伦理的观察实践。撰写观察记录不应妨碍我们对儿童的回应或支持。教师在观察儿童时，须承担教育责任，关注儿童的声音和权利。

在观察儿童的过程中，教师要花时间考虑并且反思自己是否以

① 一种类似于沙盘的微缩游戏，儿童可以在该类游戏中进行角色扮演、场景构建和故事叙述。这种游戏常用于培养儿童的想象力、语言能力、社交技能，并促进其精细动作的发展。——译者注

合乎道德的方式行事，这至关重要。我们必须反思自己的观察是否真正做到了倾听儿童的心声、关注他们通过游戏所传达的信息。将观察的焦点放在儿童的兴趣和他们自主选择的游戏上，将有助于我们了解、重视并尊重他们的行为。这将进一步加深我们对观察的目的、意义以及记录内容的理解。正如布罗迪（Brodie，2013，p. 22）所指出的：

> 观察儿童并与他们互动，既是一种乐趣，也是一份殊荣。教师必须认识到，与儿童互动意味着要对自己的行为负责，并始终尊重儿童的权利，这包括允许儿童不参与活动；简而言之，以合乎道德和伦理的方式行事。

这表明，仅仅为了收集信息而观察儿童在成人的指导下进行的活动，或者让儿童完成一项特定的任务，是不道德的，这会损害观察的有效性和可靠性。

观察的原因

我们出于多种原因观察儿童，如了解儿童的认知、促进儿童的学习、进行评估和计划，以及提升我们自身的教育实践能力。对于教师而言，关键在于要以探索而非评判的立场对待教育教学工作，并基于儿童发展领域的知识开展一系列的观察。凯茜·纳特布朗（Cathy Nutbrown，1996，p. 45）认为："儿童以开阔的眼界和开放的心态学习，因此教育者也需要具备开阔的眼界和开放的心态，以便清楚地看到和了解自己所观察到的内容。"

归根结底，我们观察儿童是为了了解他们的能力，明确他们的优势与不足、喜爱的学习地点、偏爱的学习方式以及所处的发展阶段。观察帮助我们理解儿童、预测并识别他们的行为。我们也有必要通过提出一些问题来帮助自己深入地了解被观察的儿童。例如，他喜欢做什么？他的注意力集中在哪些事物上？他遇到了哪些困难？这些问题将帮助我们了解儿童的技能和兴趣所在。

观察的内容

- 儿童的兴趣；
- 儿童的对话、行动、面部表情；
- 参与水平（例如，儿童是否只是在“走过场”）；
- 儿童在面对困难时坚持不懈、挑战自我的表现；
- 儿童与他人的交流；
- 儿童承担责任的表现；
- 儿童所处的发展阶段；
- 儿童学习与发展的领域；
- 儿童有效学习的证据，尤其是在好奇心、建立联系以及发展想法和策略方面；
- 图式；
- 儿童的新兴学习。

观察记录必须是对我们所看到和听到的情况的如实描述，它可以包括儿童所说的话，但不能是我们主观臆测的儿童想要说的话。路易斯和贝特里奇（Louis & Betteridge）认为：

> 我们对儿童的观察记录就像故事，这些故事有时是真实的，

有时则只是基于我们认为自己看到的东西、我们的态度以及我们对儿童行为的主观解释。那么，我们有多大可能以积极或消极的方式把自己的假设、信念和期待融入故事中呢？（2020，p. 2）

保持观察的真实性，有助于我们挑战自己的认知，展现真实发生的事情，而非我们臆想的情况。以下观察证明了这一点。

观察 1

埃拉看着水从壶里流出，穿过漏斗和指缝，同时她用手指感觉水的流动。她似乎对水流很感兴趣，专注地看着水从漏斗中流走。

观察 2

埃拉沉迷于玩水，喜欢把自己弄湿。

“观察 1”描述了埃拉的行为及其兴趣所在，“观察 2”则反映了观察者的主观评估——埃拉喜欢把自己弄湿。

纳特布朗（1996，p. 47）指出：“如果教师视野狭隘，那么他们将难以全面地理解儿童。问题的关键不仅在于要理解我们所看到的情况，更在于要看清实际发生的事情，而非成人的主观臆测。”观察必须保持客观性，并且聚焦于儿童的学习，即儿童所进行的有意义的活动（Fawcett，2009）。

通过细致且深思熟虑的观察，教师能够更深入地了解儿童的能力，洞察儿童喜欢的学习方式和兴趣点。当儿童专注于某项活动时，他们将获得最佳的学习效果。在游戏与探索的过程中，儿童将向我们展现他们是如何成长为有能力的学习者的，而我们理应清晰地描述这一学习进程。

描述儿童学习的小提示

- 儿童在玩什么材料？
- 儿童用这些材料做了哪些事情？
- 儿童遇到了什么问题，他们是如何解决这些问题的？
- 儿童的兴趣是什么？
- 儿童喜欢做什么？
- 儿童做了什么样的决定？
- 儿童和谁一起玩游戏？
- 儿童选择玩哪种游戏？
- 儿童如何通过口头语言和非口头语言进行交流？
- 儿童说了些什么？
- 儿童会问什么样的问题？
- 儿童使用语言描述事件和讲故事的能力如何？
- 儿童分享了哪些类型的经验？
- 儿童参与假装游戏吗？
- 儿童如何通过建构作品和绘画作品进行象征性表达？

了解这些提示有助于我们收集有意义的观察结果，展现儿童作为积极主动且有能力的学习者的面貌。

观察儿童的学习

当我们观察儿童的游戏和学习时，可能会注意到儿童对哪些方面感兴趣、如何以不同的方式运用既有知识应对新的情境、如何坚持不懈地面对挑战和困难、如何与其他儿童或成人建立关系，或者展现其自律能力。无论观察儿童的何种学习，我们都必须准确地描述儿童的实际行为。纳特布朗（1996，p. 47）建议："成人需要细致入微且敏感地观察，才能真正'看到'儿童在做的事情，了解他们的行为，认识到他们的成就，并创造促进其进一步学习的机会。"观察应当以儿童为中心，阐明他们的发展情况，并以支持和描述他们的游戏及学习的方式做出回应。

评估儿童的学习

评估是观察和计划的中间环节，也是幼儿教育日常活动中的一个关键方面，其中包含解读儿童学习的方式。

评估并非只考察儿童的语言知识和数字符号识别能力，它能够详尽且全面地呈现每名儿童的发展情况，如儿童的性情、兴趣、技能、能力、偏爱的学习方式、家庭文化、与他人的互动方式。在评估时，我们要参考可表明儿童学习情况的完整的游戏观察记录。通过评估，我们会了解儿童的喜好、愿望、语言模式、令他们欢笑的事物以及他们想回避的因素。评估是为了真正地理解儿童及其思考和学习的方式。从根本上来说，评估是我们洞悉儿童世界的"窗口"，在这里，我们和儿童都是学习者。儿童的学习是最令人感到兴奋的事情——他们以不同的方式历经不同的阶段，这一过程让人着迷。

当我们思考评估时，不应该仅将其视作工具，而应该将其视作一次难得的机会，去真正地观察和倾听儿童，从而发现他们是如何思考和理解这个世界的，以便更加深入地理解儿童。这其实有点像读一本小说，小说作者往往能够解释某个角色为什么做出某种行为。

形成性评估

形成性评估涉及对儿童发展的持续评估，帮助我们了解儿童已经掌握的知识和能力。换言之，依据《早期基础阶段》《卓越课程》《基础阶段课程》以及《早期教育课程框架》(2009)，教师可通过形成性评估了解儿童学到了多少知识。形成性评估也被称作“促进学习的评估”，频繁被用于收集有关儿童的信息，以判断他们需要得到哪些支持。此类评估可以通过多种方式进行，如观察、提问、对话和互动。而且，这一评估方法能够有效激励教师进行反思。

总结性评估

总结性评估是对儿童学习进程的评价，以确定儿童是否达到了学习目标，以及参照《早期基础阶段》评判儿童学到了多少知识。例如，儿童在学期末是否掌握了特定的数学概念？在英格兰，教师依据一系列的既定学习目标来评估儿童的学习成效，这一过程通常在基础阶段结束时完成。

解读儿童的学习

我们对儿童学习的解读不是中立的，也不是没有价值判断的，它们往往会受到我们的先入之见和对观察内容的理解的影响。我们如果专注于描述自己的所见所闻，就能提高观察的客观性，进而得到大量有用的信息。杜比尔（Dubiel，2008，p. 93）强调，解读行为受到一系列影响因素的驱动，他认为解读“是指我们基于自己的工作计划和关注点，根据自身的价值观和原则调整儿童的活动，决定哪些内容是重要的，并推动随后的供给、互动和支持行为”。

观察能够且应该引导我们质疑和深入思考自己的所见所闻。在解读观察结果时，我们会就儿童学了多少、学得如何做出重要决定。这些解读影响我们与儿童的互动，以及我们为支持和促进儿童学习所创设的环境。如果我们仅仅依据自己的工作计划来解读儿童的行为，就会无意中限制自己为儿童提供的资源。我们的解读不仅与我们对儿童游戏的描述有关，还涉及我们对于观察到的儿童游戏所持有的价值观。教师应当定期反思自己对儿童的观察。一种有效的方法是与同事开展富有成效的集体讨论，共同分析观察到的儿童游戏行为，并从不同的视角分享自己对儿童深思熟虑的行为的见解（Louis，2020）。

教师有必要投入一定的时间，思考并解读自己的观察结果，这有助于他们反思儿童的学习模式。“观察—评估—计划”循环流程的关键即在于此。以拉斐尔为例，这个10个月大的孩子经常玩一种游戏：他坐在两级高的台阶上，手里提着一篮不同大小、重量和质地的球，并将球扔下台阶。球的散落情况各异，拉斐尔对此感到好奇，他想知道为什么球没有如他所期望的那样都滚到最下面的台阶上。通过这一观察，我们可以明确地看到，拉斐尔这种有意识的扔球行为，实际上是在支持自己的学习和思考。

教师必须养成这样一种习惯，即思考自己对儿童游戏和探索的观察，并通过反思性提问解读儿童的行为。例如：儿童在想什么？他们的行动是否经过深思熟虑？他们的目标、目的或意图是什么？

他们试图解决什么问题？我们应当如何支持他们？这些问题是整个观察过程的关键所在。

无意识的偏见

无意识的偏见，是指我们在观察儿童行为时做出的快速判断。无意识的偏见经常会与我们有意识的信念存在偏差，所以我们应当保持警惕。无论涉及哪类话题，如种族、性别、残疾还是社会阶层，我们都有必要留意自己无意识的偏见。

教师应当审视自己无意识的偏见，并思考它给观察、评估和计划带来的挑战。观察者的主观性以及他们分析观察结果的方式，可能蕴含着一系列观点。我们的观察往往会受到无意识的偏见的影响，因为它们基于我们对所见事物的先入之见和解读。我们需要认识到，无意识的偏见可能会导致我们做出错误的评估，进而使我们制订的活动计划脱离儿童的兴趣，以致对他们的学习与成长造成负面影响。例如，一个无偏见的评估记录是“露西在积木区花了 25 分钟使用相同大小的长方形积木搭建‘一座带有玻璃屋顶的城堡’”，而有偏见的评估记录是“露西喜欢男孩喜欢的活动”。

无意识的偏见通常植根于我们的感觉、态度和信仰之中，它们能够帮助我们应对这个世界，也能导致我们对他人产生偏见，不公平地对待他人。无意识的偏见有以下几种类型，了解它们有助于我们发现儿童游戏中复杂的微妙之处。

亲和偏见

亲和偏见（affinity bias）是指我们和那些在长相、穿着、行为举止方面与自己相似的人在一起感觉更舒服，因为彼此感到熟悉。我们与这样的人可能有很多相似之处。不知不觉中，我们可能会区别对待与我们的长相不同的孩子及其家庭。例如，我们对某些孩子的不服从行为的反应是否与对其他孩子不同？或者，对于那些能让我们产生亲近感的孩子及其家庭，我们是否表现得更加宽容？

确认偏见

确认偏见（confirmation bias）是指我们仅关注那些支持自己对儿童及其家庭的先入之见的信息。这种倾向会干扰我们回忆和记住有关与他们积极互动的信息的能力。例如，如果我们先入为主地认为某个孩子没有进入学习状态，我们就会寻找支持这一观点的证据。当我们注意到某个孩子在集体活动中没有和其他小组成员一起唱歌时，我们可能会用该观察来证实自己对这个孩子的看法，即便我们也曾观察到这个孩子在户外堆肥时一边玩一边唱着那首在集体活动中学过的歌曲。

归因偏见

归因偏见（attribution bias）是指我们倾向于关注儿童的个性特征，而没有给予他们应有的信任。例如，如果我们认为某个孩子笨手笨脚，当我们看到他不小心撞到了另一个孩子时，我们可能会在没有深入了解整个事件的情况下，不假思索地说这个孩子笨手笨脚，或者认为他是故意的；当某个孩子被鞋带绊倒时，我们会责怪这个孩子性格上的某些特质，而不是将这件事情视作一场意外。我们必须警惕归因偏见，避免用“笨”“捣蛋鬼”等标签来定义儿童，因为这些标签不但对我们了解儿童的行为和活动没有任何帮助，而且往往是有害的，而儿童可能会按照这些标签所设定的框架来认识自己。

无偏见的观察

我们要确保自己的观察与评估尽可能精准，以对抗自身的偏见。对此，我们需要构建一套机制来审视自己是否基于刻板印象和偏见进行判断与决策。

确保计划从观察开始，并且要有充足的时间思考所观察到的内容。为了保证所有关于儿童学习的评估都是可靠的，我们需要思考自己是否对儿童有足够的了解，以便对他们的学习、发展和进步做出正确且可靠的评判。对于教师而言，反思各种无意识的偏见是非常重要的。

教师要保持开放的心态、忠诚的品质，应勇敢面对可能引起不适的话题，对观察对象展开深入的探究，并意识到存在无意识的偏见是正常的。当我们意识到自身存在偏见并努力深入了解它时，我们需要做好直面挑战的准备。事实上，正是我们的偏见决定了谁能出类拔萃、谁能脱颖而出、谁会成为“破坏者”，而谁又会因自己的“破坏性”而被边缘化。

记录观察结果

记录观察结果时，教师要写下儿童原有的学习水平和既有的学习经验，同时斟酌自己的用词，尽量避免使用诸如“享受”“喜欢”“讨厌”“热爱”之类的词语。玛丽·福西特（Mary Fawcett）提醒我们，要留意自己的假设和判断，她说道：

掌握观察技巧并选择“正确”的词语来描述那些复杂的动态行为，比人们想象的要更困难。这是一门艺术，类似于撰写

短篇小说，尽管它并非虚构（即便每个人的描述都带有自己的视角）。（2009，p. 53）

我们对每名儿童的观察会有所不同。

据路易斯所言：

收集观察结果并据此采取行动涉及三个重要方面。首先，应该创设一个精心准备的学习环境，无论是室内还是室外，都要能够支持儿童在其当前发展阶段和下一阶段的成长（Vygotsky，1978）……其次，应该为儿童提供有意义的学习体验，这些体验应该与儿童所处的社会和文化相适应，并富有刺激性和吸引力……最后，应该密切关注儿童正在做的事情，以了解他们正在发展的能力，进而与他们同频。（2021，p. 15）

观察记录的方法——学习故事

卡尔和李（Carr & Lee，2012）提出，学习故事是一种记录学习的有效方法，它利用儿童、他人和环境之间的关系，采用叙事、录像和拍照的方式记录儿童的学习。学习故事重在描述儿童能做什么，以进一步培养他们的身份认同感和集体归属感。

时间取样法

时间取样法是一种在固定的时间间隔内对儿童所开展的任意活动进行观察的方法，例如在儿童在户外沙坑里玩耍、在推小车或者在室内黏土操作台旁边活动时，以设定的时间间隔对其进行观察记录，这些记录会生动地展现儿童的一日生活。

事件取样法

事件取样法是另一种行为观察法，它聚焦于儿童被研究的行为前后所发生的事情，旨在辨识儿童的某种特定行为是否受到前置诱因或后续强化的影响。

频率抽样法

频率抽样法是一种通过记录某种行为（如与同伴玩耍、咬人，或者感觉受到威胁但并未使用语言表达出来）的发生频次来进行观察的方法。这种方法有助于识别儿童的需求，进而为其提供帮助。教师随后可以帮助儿童在独自玩小小世界游戏材料时享受专注的乐趣，鼓励他们与同伴一起玩耍，或者在其遇到诸如分享、轮流这类较难处理的情绪问题时，教给他们一些有用的表达方式。

有效的早期学习追踪

帕斯卡尔和伯特拉姆（Pascal & Bertram，1997）指出，有效的早期学习追踪能够保持并提高儿童的学习质量。它有助于教师参与儿童的学习，同时追踪儿童和教师在学习过程中的投入及参与度。这种评估和改进教育供给的方法有效且严谨，因此教师须在使用该方法之前接受专门的培训。

检核表

检核表是一种篇幅有限且通常视角狭隘的记录方法，观察者如果观察到检核表上的行为，就对其打钩或标记，但可能会忽略列表上未列出的内容，从而遗漏一部分信息。检核表提供的信息较少，完成它却颇费精力。

逸事记录法

逸事记录法是一种有效的记录方法，它允许我们在事后回忆并记录观察到的内容。观察者可以当场拍摄照片或录像，并在当天的晚些时候做书面笔记，以进一步完善观察结果。这种对儿童的行为和交流进行观察的方式是静默的、非干预性的，相较之下，手持记事本观察的成人更容易让儿童感到不自在。这种观察技巧的核心在于观察者悄然后退，进行观察和倾听，尽量让被观察的儿童处于如常的自然状态。

叙事观察法

叙事记录是当场进行的，观察者每隔一段时间记录一次。由于该记录是持续开展的，所以它比逸事记录更可靠（Isaacs，1930）。叙事观察法可用于记录儿童的交流和说话方式，以及他们在某一时刻正在做的事情。由于该观察方法具有可持续追踪的特性，因此能呈现儿童在多元情境下重复出现的动作和行为。叙事记录的载体既可以是文字，也可以是照片或录像。叙事观察法比较耗时，但借助于便利贴会有所帮助，观察者可在当天晚些时候用其丰富记录的内容，并以电子形式将其发送给家长和同事。在叙事记录的过程中，儿童如果感受到来自成人的过度关注，可能会感到难为情或不自在，这需要成人敏锐捕捉并加以尊重。录音同样非常有用，因为它也能够为我们的观察提供信息（Paley，1992）。它可以在成人参与对话的情况下，采集并精准地留存语音互动的原始数据。

社会关系网络图

教师能够运用多种观察方法从游戏和社交情境中汲取知识，社会关系网络图即是其一。它可以记录儿童与成人的互动情况，还可以用于监测群体内的互动和关系，并在我们需要开展聚焦式观察的时候追踪儿童之间的互动。我们可以用社会关系网络图观察儿童何时到场、与谁互动、在哪里互动、发生了什么，以及互动在一天中的什么时间发生。借助于社会关系网络图，我们可以深入理解儿童与他人的关系。

反　　思

教师需要做到以下几点。

- 从简短的观察开始，逐步提高自身能力，以进行持续的观察。
- 确保自己有笔记本或便利贴来记录儿童真实的话语和行为。
- 定期与同事分享自己的观察结果（教学计划研讨会是一个理想的场合），主动征询同事对观察结果的见解，例如，他们是否发现了不同情境下儿童游戏模式之间的关联?
- 不断反思同事就观察结果提出的问题，通过教学计划研讨会获取更多信息。想一想，同事的观点与你的观点是否一致?
- 反思自己对观察和评估的期望及获得的结果，确保自己对所有儿童抱有同样的期待，而非仅关注那些让自己有亲近感的儿童。

小　　结

无论我们采用何种观察方法，都必须将观察记录与儿童的发展紧密联系起来，并反思自己为他们提供的支持。为了有效地帮助儿童及其家庭，我们的观察记录应当具有应用价值。这虽然充满挑战，但我们必须探索出可行的方法。定期与家长回顾观察记录是有用的，可将分享观察结果作为“观察—评估—计划”循环流程中的一部分，或者想办法让家长在与教师交换信息时分享他们的观察。更为重要的是，我们需要根据自己对儿童个体的观察及分析，动态调整教学计划和教育供给。这样，我们就能确保我们所提供的内容具有针对性，并能支持儿童个性化的发展与学习路径。

参考文献

Brodie, K. (2013) *Observation, Assessment and Planning in the Early Years – Bringing It All Together*. London: McGraw-Hill Education.

Carr, M. and Lee, W. (2012) *Learning Stories: Constructing Learner Identities in Early Education*. London: Sage.

Dubiel, J. (2008) ‘Tiaras may be optional – The truth isn’ t: The Early Years Foundation Stage and accurate assessment’ in S. Featherstone (ed.), *Like Bees, Not Butterflies: Child-Initiated Learning in the Early Years*. London: A & C Black.

Fawcett, M. (2009) *Learning Through Child Observation*. London: Jessica Kingsley.

Isaacs, S. (1930) *Intellectual Growth in Young Children*. London: Routledge and Sons.

Lilley, I. (1967) *Friedrich Froebel: A Selection from his Writings*. Cambridge: Cambridge University Press.

Louis, S. (2020) *How to Use Work Group Supervision to Improve Early Years Practice*. London: Routledge.

Louis, S. (2021) ‘Have observations become confused with recording?’ *Early Education*, 94: 14–15.

Louis, S. and Betteridge, H. (2020) *Unconscious Bias in the Observation, Assessment and Planning Process*. Foundation Stage Forum.

National Council for Curriculum and Assessment (NCCA) (2009) *Aistear: The Early*

Childhood Curriculum Framework. Dublin: National Council for Curriculum and Assessment.

Nutbrown, C. (1996) *Respectful Educators, Capable Learners: Young Children's Rights and Early Education*. London: Taylor and Francis.

Paley, V.G. (1992) *You Can't Say You Can't Play*. Cambridge, MA: Harvard University Press.

Pascal, C. and Bertram, A.D. (1997) *The Effective Early Learning Project: Case Studies in Improvement*. London: Hodder & Stoughton.

Vygotsky, L.S. (1978) *Mind in Society: The Development of Higher Psychological Processes*. Cambridge, MA: Harvard University Press.

第三章

学习网络

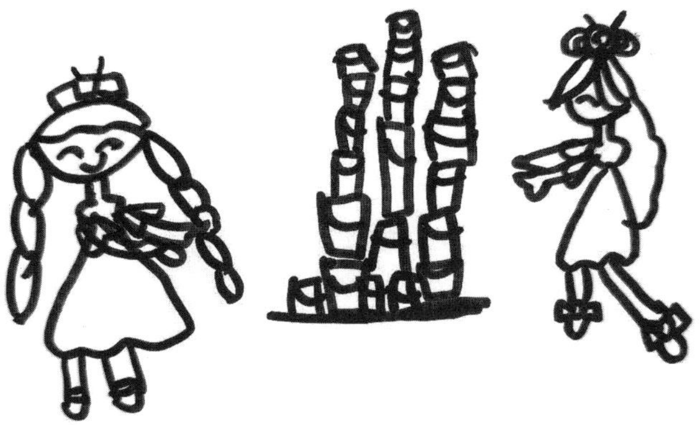

爱（1）班　芮嘉（5岁）

“学习网络（network for learning）”一词最早由蒂娜·布鲁斯（Tina Bruce）于1996年提出，她将其定义为“通过游戏构建的发展与学习网络”（Bruce，1996，p. 7）。学习网络主要关注儿童学习的各种方式，包括探索、发现、实验、重复、观察和倾听。它包含多个相互作用、相互重叠和相互影响的方面，这些方面构成了一个复杂的网络，以支持儿童的学习轨迹；它呈现了儿童努力学习的多种不同方式的相互结合，并将他们的已有知识和能力整合在一起。布鲁斯指出，若能辨识儿童学习网络的各个方面，教师就能够确定儿童的身上正在发生什么。这一网络的某些方面可能以游戏的形式呈现，表明儿童正在使用规则；也可以表现为儿童可能见过的某样东西的象征物，这表明他们正在回忆过去的经历。

教师应当观察儿童正在做的事情，也需要理解儿童的学习方式。有效利用学习网络，将帮助教师看到并理解儿童游戏中的复杂性和各种联系，进而深入理解儿童。

直接经验

儿童通过与人、物体和环境互动的直接经验进行学习。在回应这些经验时，儿童会调动身边一切可用的资源，比如探索将沙子放入水中会发生什么，或者重现真实的经历（Zosh et al.，2017）。例如，安娜·路易斯（3岁9个月）在假装游戏中再现了她和祖父母去咖啡馆的经历，她用土壤作为茶叶，假装接水为同伴“泡茶”。正是通过这种方式，儿童积极地探索自己遇到的各种物品，从而深入地了解他们所处的环境，并调整自己的想法以满足自己的需求。除非儿童有相关的直接经验，否则他们无法将自己所学与生活和既有认知联系起来。直接经验是具体的，它不仅能帮助儿童学习，还可以帮助他们解决问题，例如弄清楚自己爬上某个东西时会发生什么，以及如何从那上面下来。

儿童经常被观察到在“做饭”“哄孩子睡觉”“购物”“停车”和“打电话”，他们用真实的日常经历帮助自己与世界建立联系。随着他们在家庭和托幼机构中的经历不断增加，他们将开始通过用具象或象征性的方式表演对他们来说重要的部分，以丰富游戏和探索的细节，例如因为娃娃“淘气”而把它放在床上“睡觉”。布鲁斯（1996）提醒我们，儿童并没有占据这个星球，也没有像我们一样生活了这么久，他们只能通过与人互动以及从周围环境中获取经验来学习。

发展性困难

通过观察，我们偶尔会发现儿童的发展性困难。在观察的过程中，我们可能在儿童还没有发展出独立解决问题的能力时就急于介入，为其提供帮助。但是，我们必须小心，不能过早干预，让儿童过于容易地获得经验，这样会妨碍他们发挥潜在的能力。也就是说，教师需要知道什么时候以及怎样为儿童提供帮助，或者退后观察。发展性困难可以帮助儿童发展问题解决能力，增强他们的自信心并提高其实现目标的能力，比如一个孩子向一个物品爬去，努力用整个身体去接近或者触碰它。

发展性困难和挑战有利于儿童的成长与发展，它教会儿童关于自律的重要一课——不断尝试、永不放弃。在这一过程中，他们学会了接受挑战，并通过试错来自己解决问题。发展性困难还能在儿童应对沮丧等各种情绪情感时，为其提供宝贵的学习机会。发展性困难对学习很重要，因为它能促使儿童在面对困难时坚持不懈，从而发展自己的优势。例如，奥斯卡（10 个月）最近几天在婴儿学步车里努力地移动。尽管他最初的尝试并未成功，但他坚持不懈。在不断努力的过程中，他想出了一个办法——利用自己的重量惯性让婴儿学步车动起来。同样，乔治娅（12 个月）正在努力地弄清楚叠叠杯的顺序，她没有放弃，而是连续数日坚持堆叠叠杯，直到自己满意为止。

探索与发现

当学习内容基于儿童的兴趣爱好及儿童对自己能力的认知时，儿童的学习效果最佳。通过探索，儿童得以发现不同材料和物品的特征。例如，10 个月大的鲁比坐在高脚椅上玩游戏，她抓起一些不同大小、质地和重量的球，然后松开手。通过对扔球的探索，她发现某些球的下落表现与其他的球有所不同。鲁比的这一直接经验将促使她发现更多的因果关系。如果儿童被鼓励去探索各种材料和资源，他们将开始进行自主发现。在玩橡皮泥时，4 岁的莎丽发现她做的圆柱形生日蛋糕可以被切成 4 块，然后是 8 块。探索使儿童了解到自己能用材料和资源做什么，并通过这一方式来实践它，进而开始将自己的经验与认知建立联系。然而，只有花时间观察儿童的行为、倾听他们的想法并提出问题，我们才能确切地知道他们从探索中理解了什么，或者发现了什么。

实验与重复

实验与重复对于儿童而言非常重要。实验既可以帮助儿童将想法付诸行动，又可以帮助他们理解事情发生的机制。日程表和常规活动能让儿童体验到同样的事情在一次又一次地发生，这使他们能够预测接下来会发生什么。教师需要在观察中记录儿童的实验行为，对他们如何操纵材料为自己创造物品加以描述。例如，詹姆斯（2岁4个月）经常玩橡皮泥。他将橡皮泥掰成小块，然后用手捏，最后把它们搓成球。这种观察可以帮助我们分析儿童感兴趣的内容，制订长期计划，以支持儿童的实验。我们可能还会观察到儿童以各种方式移动自己的身体或玩具，以此进行身体上的实验。儿童不仅使用材料做实验，还会使用语言（新学的、学过的和自创的词语）、歌曲和押韵词来做实验。沙水游戏为儿童提供了用感官探索的绝佳机会，比如用水桶装满或倒空沙子，或者把水倒进漏斗。儿童只有通过不断地重复，才能熟悉这些经验，直到能预测即将发生的事情。仔细观察儿童，我们就会发现他们的游戏大多是重复的，而且是他们自己选择的。

米娅（2岁1个月）每天都会花很长时间从两个不同的高度把胶水滴到一个小罐子里。她先把胶水刷举到与自己的眼睛齐平的位置，看着胶水滴下来；然后把胶水刷举过头顶，看着胶水再次落下。在这个过程中，她一直注意着胶水形态的变化。米娅对胶水的观察非常重要，因为这会支持她持续地认知和思考。

通过重复，儿童得以回忆他们所知道的和能够做到的事情，进而验证自己的想法，并发展自己的思维。克里奇卡（Kryczka，2020）曾强调，重复是许多学习的基础。她援引了朱迪丝·赖特（Judith Wright）的观点："婴儿需要重复 1000 次才能学会一个单词；当他成为幼儿时，他可能需要重复 50 次；而当他上幼儿园时，他可能只需要重复几次就能掌握，因为此时他大脑中的神经元连接已经建立。"观察儿童的实验和重复行为，将有助于教师了解儿童的思维和问题解决能力。

练习新掌握的技能

教师可能会观察到儿童有意地练习某项技能，以提高自己的表现。事实上，儿童选择练习何种技能并不重要——任何技能的发展都取决于儿童在日常生活中对它的应用程度。然而，练习新掌握的技能不等于简单地重复一系列动作。单纯的重复并不能提高儿童的表现。练习和应用技能涉及重复、演练及专注，这些将共同强化儿童的技能。尽管能力、动机、机会等其他因素会影响儿童的表现，但练习是必不可少的。儿童之所以需要大量有意义的机会去反复练习他们的技能，是因为这在儿童的全面发展中起着重要作用。当儿童掌握了倒水或穿衣服等技能时，他们就会知道如何做这些事情，并想要得到有意义的机会来提高技能的熟练度、增强自信。对于儿童而言，每次练习技能，都是在熟悉的和全新的环境中应用自己的本领的机会，也有助于儿童在学习中建立联系。在儿童努力练习新技能的过程中，我们需要通过告诉他们哪些方面做得很好，来给予他们足够的反馈和鼓励。

能 力

儿童依赖日常活动发展自己的能力。他们渴望参与成人正在进行的活动，并为其贡献自己的力量，同时不断努力地提高自己的能力。

奥吕（4 岁）询问，他是否可以帮忙锯一些木头。他正在花园里使用一把成人尺寸的钢锯，他的一只脚踩在木头上以防止其移动。随后，他用一把更小的锯子向他 2 岁的弟弟塞缪尔展示如何使用这类工具，以帮助他发展技能。奥吕解释说，他和塞缪尔使用更小的锯子是因为这样操作起来更容易。即使塞缪尔没有主动寻求帮助，奥吕也知道怎样才能让弟弟更轻松地使用工具。

这类经验能够赋予儿童开展进一步探索和冒险所需的自信。教师需要运用观察技能和专业知识判断何时介入以支持儿童，以及何时退后进行观察。然而，如果成人控制了儿童的冒险活动，比如使用真正的工具，那么成人可能会在无意间向儿童传递出削弱其自信心的信号，导致儿童觉得成人不相信他们能够独立完成。因此，对于教师而言，反思自己为促进儿童能力发展所提供的机会是非常重要的。

熟练掌握

儿童需要学会轻松且自信地活动自己的身体。这意味着他们要发展自己的小肌肉和大肌肉，使这些肌肉能够协调配合、共同运作。起初，婴儿用整只手抓取物品，随着他们逐渐发展并掌握了这项技能，他们就可以用手指拿取物品。要想达到熟练掌握的程度，儿童需要有充足的机会进行练习和重复，也要有时间沉浸在自己正在做的事情中，这将使他们学会为自己设定目标。如果我们注意到儿童正在应对具有挑战性的事情，那么我们一定要鼓励他们坚持不懈。这种鼓励将帮助儿童更自信地掌握更多的新技能，比如社交、言语，以及使用餐具和书写工具。

教师必须能够识别并反思儿童的技能是如何随着他们的成长而发展和变化的，并随时准备帮助其发展这些技能。通过分析和解释观察结果，我们可以了解儿童已经掌握了哪些技能，以及他们在哪些方面还需要帮助。这意味着我们需要对儿童开展持续的评估，有条理地收集多样化的观察结果，了解他们是如何随着时间的推移在各种活动和环境中发展的。此外，教师对儿童技能变化的评估应该包括与家长的持续对话。以下例子展示了儿童是如何通过自己选择的游戏来掌握技能的。

埃米（9个月）对一个金属碗表现出浓厚的兴趣。她很快发现，自己能用手将金属碗翻过来。每次成功地将碗翻过来，埃米都会微笑，甚至大笑。

控　制

对于儿童而言，自主选择游戏至关重要，因为这使他们能够掌握主动权，允许他们遵循内在动机和兴趣，并以自己独特的方式学习。通过自主选择的游戏，儿童可以了解世界和自己。当儿童控制游戏时，他们将设置挑战、验证自己的理论、试错并找到解决问题的新方法。当儿童选择游戏材料时，他们会在游戏中通过各种不同的方式表达自己的情感。

乔迪（4岁3个月）的父母最近补办了婚礼，在这件事的影响下，乔迪选择玩婚礼游戏。她完全掌控了游戏的规则，假装自己要去机场接她的丈夫，并和假想中的“孩子们”一起制定了规则，告知他们自己从机场回来后会发生哪些事情。随着乔迪玩这个游戏的次数越来越多，这个游戏也变得越来越复杂——在该游戏中，她最终有了两个“孩子”，即弗劳尔和蒂米，还有了一只叫“巴尼”的小狗。

布鲁斯（1987）强调，游戏是儿童学习与发展的重要工具，我们不应对其过度干预。要让游戏对儿童产生一定的意义，游戏的主动权就必须在儿童的手中——游戏的内容和方式不应该由成人决定。

沉浸在感受、想法和与他人的关系中

儿童需要大量的机会去探索并理解自己的感受、想法和与他人的关系。重要的是，教师要能够区分它们，并且识别它们在儿童游戏中是单独体现的还是共同体现的。例如，儿童在游戏中表达自己“害怕”的感受（比如在经历了噩梦之后害怕黑暗），这表明他们开始理解自己的焦虑。儿童在玩商店游戏的时候可能会表达想法，展示他们是如何回忆并重新演绎自己的经历的；此外，他们可能还会玩一些游戏来探索他们与父母或其他儿童之间的关系，并在游戏中利用过去的经验实现自己的想法。我们在观察儿童的时候，要能够识别正在发生的事情，因为他们会利用这些经验帮助自己构思并演绎故事，以便更好地理解过去的经历。

当观察儿童表达他们的感受、想法和与他人的关系时，我们要注意并解释我们所看到的内容。通过在游戏中探索自己的想法，儿童能够更好地理解他们想弄清楚的观点和感受。埃丽卡（3 岁 5 个月）想象自己变成了一只怀孕的猫。她假装自己是一只猫，正说着自己要生多少只小猫。埃丽卡对刘易斯说：“假装我们是小猫，然后你死了，我们假装把你埋起来。”我们提供给儿童的学习活动和经验要能反映并联系他们的兴趣及想法。我们必须密切关注儿童游戏中的细节，帮助他们与周围的世界建立联系、感知周围的世界。例如，费丝（3 岁）在幼儿园和她的玩具熊玩耍。费丝假装让玩具熊如厕和冲水，有人无意中听到她对玩具熊说：“别担心，没事的，而且你必须这么做。”再如，弗朗姬（5 岁 9 个月）正在和斯凯玩一个名为“过夜”的游戏。弗朗姬假装和她的父亲（由斯凯扮演）住在一起，斯凯允许弗朗姬晚睡。弗朗姬正在探索她和她父亲之间的关系，以及这段关系所包含的内容。最重要的是，游戏让儿童可以表达自己，帮助他们管理自己的“恐惧”、弄清楚自己对事物的感受。有趣的是，埃丽卡曾养过一只小猫（现在已经死了）。同样，费丝在游戏前不久害怕使用幼儿园的厕所，她通过这种方式理解自己对如厕这件事的感受，因为游戏允许她重新设定情境，她在游戏中能够完全控制自己。弗朗姬的父母最近分居了。可以看出，游戏这种方式能帮助儿童回忆并理解自己的经验。

元 认 知

元认知是指儿童意识到并控制自己的认知过程。这是学习与发展的重要方面，涉及儿童集中注意力和使用一系列策略的能力。为了自我调节，儿童需要采用多种元认知方法帮助自己坚持应对挑战，回顾已有经验，并将识别和解释错误视作学习的机会（Bronson，2000）。

讲 故 事

故事支持儿童的去情境化思维的发展。当儿童接触故事时，他们会为自己创编故事，以诠释对自身经历的理解，并借助于这些故事反思和表现他们的既有认知。通过故事，教师能够拓展儿童的思维边界，帮助他们吸收新的知识，并识别自己的情绪。纳特布朗（2009，p. 115）认为，这有助于儿童将自己的经验与故事联系起来。她表明，通过这种方式，儿童可以实现“意义匹配”。她强调：“儿童认为重要的事物与他们在所读到的、所听到的故事中发现的重要意义之间的匹配关系至关重要，这体现了单纯地听故事和真正全神贯注地倾听并让故事成为他们思考的一部分内容之间的区别。”

规 则 游 戏

儿童能在规则游戏中学到很多东西。它既可以帮助儿童了解规则是如何制定的，又可以教会他们如何遵守规则、如何与人协商并改变规则，以及如何理解他人的规则。此外，游戏还能帮助儿童理解和发展社交技能。这种游戏既可以是肢体游戏，也可以是社交游戏（如棋类游戏），还可以是表演型运动、数学游戏或计算机游戏。

拉马尔（4 岁 3 个月）在和他的哥哥乔丹（6 岁）玩蛇梯棋（snakes and ladders）游戏时输了。他建议，与其向上走棋，不如向下走棋。

表　征

儿童的表征不仅是他们表达经验的方式，也是一种将不同的材料与他们的既有认知对应起来的方法。布鲁斯（1996）指出，表征是儿童通过制作和创造可以保存的作品，或者通过反复讲故事、唱歌和跳舞来保持他们的经验的方式。儿童可以通过多种方式表达他们的想法和感受。表征涉及儿童通过行为与创造物来展现思想情感的不同方式：一些儿童通过创作故事、唱歌、跳舞或押韵来反复表征他们对自己经验的理解，这些口头和动态的表现形式具有深远的意义，因为它们能帮助儿童理解在讲故事、唱歌、跳舞或者创作押韵词后会发生什么；另一些儿童通过绘画和涂色象征性地表征事物。儿童使用这种方式让自己的想法变得更直观、更容易被人理解。儿童搭建的模型或建筑也是一种表征方式。有些儿童会反复建造和修改东西，或者使用黏土或面团等材料表达他们的想法。总而言之，儿童通过表征向我们展示他们已有的经验。对此，麦凯勒（McKellar，1957，p. 117）曾说道："想象力是以新颖且迷人的方式重新组合过去的经验的能力。"

模 仿

模仿是指儿童模仿周围人的行为、声音和动作。它是儿童学习与发展的重要方式之一，涉及对他人行为的密切观察，对其进行解读并回忆。在模仿的时候，儿童需要运用自己的感知、认知以及社交知识。模仿是学习网络非常重要的组成部分，通过模仿，儿童可以向我们展示他们目前所掌握的知识和对事物的理解。戈普尼克等人（Gopnik et al.，1990）指出，模仿在新生儿阶段就已经开始了，他们说道：

> 乍看之下，模仿能力似乎既新奇又可爱，但不一定十分重要。但如果你仔细想想，就会觉得它真的很神奇。子宫里没有镜子，新生儿从来没有见过自己的脸，那么他们怎么知道自己的舌头是在嘴里还是嘴外呢？（1999，p. 30）

这是在描述“社会性婴儿（the social baby）”中新生儿模仿父亲行为的情境，这表明新生儿的模仿不是偶然发生的，而是其有意识的行为。纳特（9个月）观察到另一个孩子正在玩新玩具。几天后，纳特探索了那件玩具，并且模仿了之前看到的那个孩子的动作。在模仿中，儿童需要思考模仿的内容，以便能够以特定的方式与他人互动并建立联系。瑞安（3岁9个月）模仿祖父在镜子前刮胡子，他用一件可以震动的玩具代表刮胡刀，仔细地模仿祖父的动作，以便学会如何给自己刮胡子。根据戈普尼克等人的观点，模仿他人的动作能让儿童探索知识并将其付诸实践。模仿还是一种交流方式。当你模仿某个人时，你就在表达：“我看到（或听到）你了，你是这样做的。”

象征性游戏

象征性游戏是指儿童用一件物品代替另一件物品，比如把一个锡罐当作一个杯子。象征性游戏通常始于初级假装游戏，或者具象游戏（Louis，2020）。

儿童会从日常生活中获取经验，比如重新演绎自己被成人放在床上的场景。在初级假装游戏阶段，儿童倾向于使用确切的、真实的和具体的物品（比如玩具熊或娃娃）代表那个被放在床上的小婴儿，此时的他们尚未完全理解符号和掌握抽象思维。在高级假装游戏阶段，他们会使用抽象的物品或材料代表真实的事物，例如，当假装做饭时，他们可能用泥巴或其他材料象征性地代表食物，而不是使用真实的食物（初级假装游戏阶段）。在高级假装游戏阶段，儿童以一种富有想象力的抽象方式使用象征性物品进行思考、感受和记忆（Bruce et al.，2017）。儿童将不再需要依赖真实的物品开展游戏，有时，我们可能会观察到儿童在从初级假装游戏阶段向高级假装游戏阶段过渡。

社会性角色游戏（Fantasy F play）是指儿童扮演真实存在的角色，如教师、店主或医生。儿童可能在假装游戏中扮演这些未来可能成为的角色，但这并不一定意味着他们在以后的生活中会从事这些职业。我们有时会观察到儿童玩“警察抓小偷”的游戏，这类主题游戏有助于儿童以有意义的方式应对“善与恶”的道德问题。教师即便对此感到不适，也请不要阻止儿童开展此类游戏。幻想性角色游戏（Phantasy Ph play）是指儿童假装成仙女、猫、狗或恐龙这类角色。它之所以被称为“幻想性角色游戏”，是因为儿童所扮演的角色在现实生活中是不存在的。

游　戏

据布鲁斯（1996）所言，游戏有很多方面，它协调和整合了学习网络中的不同学习内容，帮助儿童认识到他们所知道和所理解的东西，从而建立联系。让·皮亚杰（Jean Piaget，1962）提出，儿童的智力发展取决于他们在游戏和探索中受到的刺激程度。他认为，游戏能够帮助儿童发展逻辑思维。

阿巴斯（3 岁 1 个月）在水槽边玩水，一边倒水，一边数 1，2，3，4，5。起初，他的计数和他倒出来的水量并不相符；但在多次玩水后，阿巴斯逐渐理解了如何匹配数字和水量。

在游戏中，儿童基于以往的经验构建新知，并根据既有认知做出预测，从而更好地理解事物。正是通过这种方式，儿童逐步发展出逻辑思维。

为什么观察在学习网络中如此重要？

学习网络帮助教师认识到儿童如何通过自我努力和自发的游戏活动进行学习。当教师观察到儿童专注于游戏，或以象征性的方式进行游戏时，这通常意味着学习网络的存在。如果教师在观察过程中不确定自己是否能够识别出学习网络，那么他们应该持续观察并深入思考。一旦确信自己已经在儿童的游戏中观察到了足够多的学习网络，教师便可以根据具体情况决定给予儿童多大的自主权和支持（Bruce，Louis，& McCall，2014）。当观察到儿童积极地为自己做事时，教师应该反思儿童的努力是如何引导其进行推理和理解周围的事物的（Froebel，1887）。布鲁斯（1996）鼓励教师去观察、支持并拓展儿童的游戏和探索。学习网络可以为教师提供有关儿童正在进行的学习的有用信息。

反　　思

教师需要做到以下几点。

- 反思自己如何通过观察使儿童的学习可视化，自己是否重点观察了儿童接触世界的方式，有没有注意到任何可用于学习的游戏策略，或象征性游戏和想象游戏。
- 认识到儿童的直接经验是最宝贵的教育资源。反思自己如何通过观察了解儿童的学习方式和思考方式，以及自己是否为儿童在学习中建立联系创造了足够多的机会。
- 反思自己如何帮助儿童学习，培养他们的能力，使其熟练掌握技能、获得控制感。
- 观看 0—8 岁儿童的视频片段（有参考价值且没有解说的视频），借此练习做观察记录。

小　　结

学习网络涵盖很多方面，并通过游戏，以多样化且相互关联的方式为儿童提供学习机会。学习网络的每个方面都可以建立联系，进而培养儿童成为有能力的学习者。教师需要密切关注儿童自主选择的活动，并从中学习。儿童在学习网络中的收获是没有边界的，因为它需要通过游戏来协调，而游戏是人类发展最重要的方面之一（Froebel，1887）。在下一章，我们将探索游戏的 12 个特征，这些特征可以帮助我们明确儿童的学习方式。

参 考 文 献

Bronson, M.B. (2000) *Self-Regulation in Early Childhood: Nature and Nurture.* New York: Guilford Press.

Bruce, T. (1987) *Early Childhood Education.* London: Hodder & Stoughton.

Bruce, T. (1996) *Helping Young Children to Play*. London: Hodder & Stoughton.

Bruce, T., Hakkarainen, P. and Bredikyte, M. (2017) (eds) *The Routledge International Handbook of Early Childhood Play*. London: Routledge. pp. 87–96.

Bruce, T., Louis, S. and McCall, G. (2014) *Observing Young Children.* London: Sage.

Froebel, F. (1887) *The Education of Man*. New York: Appleton.

Gopnik, A., Meltzoff, A.N. and Kuhl, P.K. (1999) *The Scientist in the Crib: Mind, Brains, and How Children Learn.* New York, NY: William Morrow & Company.

Kryczka, C. (2020) 'Again, Again! Why Your Kids Want to do the Same Activity Over and Over'. *Today's Parent Online*.

Louis, S. (2020) *How to Use Work Group Supervision to Improve Early Years Practice.* London: Routledge.

McKellar, P. (1957) *Imagination and Thinking: A Psychological Analysis*. London: Cohen and West.

Nutbrown, C. (2009) *Threads of Thinking: Schemas and Young Children's Learning.* London: Sage.

Piaget, J. (1962) *Play, Dreams and Imitation in Childhood.* New York: Norton.

Zosh, J.M., Hopkins, E.J., Jensen, H., Liu, C., Neale, D., Hirsh-Pasek, K., Solis, S.L. and Whitebread, D. (2017) 'Learning Through Play: A Review of the Evidence'. *LEGO Foundation*.

第四章

游戏的特征

爱（1）班　阿瑾（5岁）

蒂娜·布鲁斯（1991，2015）教授提出了游戏的12个特征，有助于教师识别儿童在游戏中学习的最显著特征，进而洞察儿童的学习方式。教师可以将这12个特征与学习网络结合使用，以评估儿童的活动质量。

游戏的12个特征

游戏的第一个特征是："在游戏中，儿童使用他们在生活中获得的直接经验。"

正如我们之前所谈论的，经验对学习很重要。皮亚杰和英海尔德（Piaget & Inhelder，1969）认为，直接经验对儿童的学习、思考和知识建构十分重要。当儿童有机会在学习环境中摆弄天然的日常物品，例如石头或鹅卵石时，他们的物理知识就会有所增长。儿童实验和探索得越多，他们对石头的认知就越全面：他们会知道有些石头很重，有些石头很轻；有些石头的表面光滑，有些石头的表面粗糙；有些石头的外形圆润，有些石头则很尖利。换言之，儿童不是通过教师的授课，而是通过他们的直接经验习得这些概念的（Zosh et al.，2017）。根据皮亚杰和英海尔德（1969）的观点，通过观察和操作物品及材料获得的直接经验使儿童学会对它们进行比较。

教师需要将儿童的学习建立在他们的日常生活之上。只有这样，教师才能确保自己为儿童提供的学习体验能够与其之前的学习产生联系，并对其产生真正的意义。这是因为儿童不是通过成人简单的指导或被告知该做什么来发展知识和理解的。相反，儿童是通过积极地观察、探寻、发现、感受和探索来学习的。这就是他们在实践中获取并理解信息的方式。

从根本上来说，儿童在积累直接经验的过程中，身心处于活跃的状态。当儿童在环境中与他人互动时，他们就在不断地摸索做事情的方式。有意义的直接经验可以为儿童提供机会，使他们能够验证、确认或者改变自己关于事物如何运作的思考，以及如何才能让事物发挥作用的想法。

费丝（3 岁 4 个月）正把沙子从一个杯子倒入另一个杯子里。当一个成人靠近她时，费丝递给她一杯“茶”，说道：“茶很烫、很烫。”这个成人对着“茶”吹气，假装在给它降温。费丝对她笑了笑，又重复玩了一会儿这个游戏。

问题与反思

- 教师如何支持并发展儿童的直接经验、既有认知和兴趣？
- 教师如何支持儿童从日常生活中获得意义？
- 教师如何利用儿童的符号意识支持他们的发展和认知？

游戏的第二个特征是：“游戏不会屈从于压力，去迎合那些外部强加的规则、既定的结果、预设的目标或是成人主导的项目。正因如此，儿童在游戏过程中能够牢牢地掌握控制权。”

教师应饶有兴趣地观察儿童的游戏，适时提出建议，并充当促进者，让儿童在有选择的情况下成为自主学习者，而不是向他们提出一连串的问题。当儿童能掌控自己的游戏时，他们通常就会十分投入。他们会集中注意力并且花时间去观察、认真思考、评估并理解自己的经验。当成人试图控制儿童的游戏时，儿童能非常清楚地意识到这一点，并且通常会以退缩作为反应。重要的是，教师应该认识到儿童是通过游戏来学习的，因此需要为儿童提供大量的机会，让他们能够主导并控制游戏的进程。当儿童可以按照自己的方式自由运用各种材料和资源时，这种学习就发生了。教师不应试图控制儿童的学习内容。

以下是对儿童学习所做的观察记录，在该记录中，一个成人为儿童提供了基于观察的指导。

当詹姆斯（3岁7个月）和本（3岁5个月）抬头看墙时，一个成人走近并询问他们："你们在做什么？"詹姆斯回答道："我们正在做泥球，把它们扔到墙上，它们就会发出'啪'的一声。"成人问道："泥是从哪里来的？"詹姆斯指着树下，说："从那里。"因为泥巴不干净，所以这个成人让詹姆斯和本去洗手。当他们洗完手回来时，成人问他们："还可以用其他的方式玩这个游戏吗？"詹姆斯说："没……，也许球可以。"于是，两个男孩走了出去，捡了几个球，开始朝墙上扔球。詹姆斯说："这和扔泥球不一样，它不会发出'啪'的响声。"成人找到一袋土，将其交给两个男孩。詹姆斯和本把土放进桶里，并加了一些水，然后用手摸了摸。"不，这样不行。"詹姆斯说道，之后他又加了些水，再次把手伸进桶里。詹姆斯又说道："不，我需要更多的水。"本看着詹姆斯往桶里又加了一些水，直到泥土变得足够湿润，可以做成泥球。然后，詹姆斯把桶拿到了墙边，并朝墙上扔了一个泥球，泥球发出了“啪”的一声。詹姆斯跳上跳下，还跳了一小段舞。他继续把手伸进泥里，然后捏出了更多的泥球。

问题与反思

- 你如何看待上述观察记录中的对话？这段观察记录能够帮助你了解事件的先后顺序，从而看出詹姆斯和本在想什么以及对什么感兴趣吗？
- 关于詹姆斯和本在认知与身体方面的发展水平，这段观察记录告诉了你什么？
- 关于詹姆斯和本之间的友谊，这段观察记录告诉了你什么？
- 詹姆斯是如何表达自己的？
- 这段观察记录说明了游戏的重要性吗？
- 你多久会给孩子们的游戏强加一次外部规则？

游戏的第三个特征是：“游戏是一个过程，它没有结果，游戏一旦结束，它就会消失得像来时一样迅速。”

儿童需要有时间和空间，以自己的方式探索、发现和做实验。游戏对于儿童而言是十分严肃的，如福禄贝尔所言，这是儿童的工作。教师会观察到孩子们四处奔跑、倒立、反复从台阶上跳下来，或者骑着自行车快速冲下斜坡。在这些活动中，儿童全身心地投入游戏。当儿童以这种方式参与游戏时，他们是在通过实践进行学习，而不用承受需要产生一定成果的外部压力。对于教师而言，帮助儿童表达自我并专注于学习过程而非最终结果至关重要。沉浸于游戏过程，能让儿童在不用考虑结果的情况下自主解释自己想要如何做事。有些教师在为儿童策划活动时，可能对结果已有明确的预期。例如，在计划粘贴活动的时候，他们可能希望儿童将材料粘在纸上（成品）。相反，如果教师将重点放在游戏的过程上，那么他们会鼓励儿童随意滴胶水或探索材料的质地，并用心观察儿童的学习过程。教师可以利用这一过程来提高儿童的学习质量。

罗茜（2 岁 1 个月）正在绕圈跑步。之后，她把帽子放在地上，一直绕着它跑，直到感到头晕，倒在地上。站起来之后，她重复了一遍这个过程。

问题与反思

- 你能在罗茜的游戏中注意到任何图式吗？她的学习策略是什么？
- 关于罗茜探索和发现周围环境的方式，这段观察记录告诉了你什么？
- 你鼓励儿童用自然材料制作道具的频率如何？
- 儿童需要机会去发展他们的象征性游戏，你能多给他们一些机会吗？

游戏的第四个特征是："儿童自主选择游戏。游戏是由儿童的内在动机驱动的。当条件适宜时，游戏会自发产生，并随着其发展持续进行。"

内在动机意味着儿童会自我激励式地朝着特定目标努力。内在动机激励儿童自由地探索他们感兴趣的事物，并将其转化为具体的行动。游戏就是由内在动机驱动的——我们不能强迫儿童去玩，儿童必须自己想要去玩。当儿童选择玩游戏时，他们会选择自己想玩的游戏，决定如何玩这个游戏、在游戏中使用什么以及扮演什么角色。如此一来，游戏可以帮助儿童在学习与发展方面取得进步，因为游戏中的儿童不必遵守他人设定的规则和限制，而且拥有创造的自由。当儿童拥有内在动机时，有意义学习就会发生。教师需要认识到儿童的内在动机对他们的活动参与程度具有重要的影响。

夏洛特（3 岁 5 个月）在过去的一周里用粉笔做了很多标记。她对各种鲜艳的颜色十分感兴趣，使用各种颜色的粉笔在户外的地板上画线条和圆圈。下雨之后，夏洛特把粉笔浸在一小摊雨水中，使其变得湿润。当夏洛特开始做标记时，她混合使用粉笔，以便更好地混合颜色。当她看到浸水后的粉笔的颜色变得更鲜艳，水的颜色也有所变化时，她非常高兴。

问题与反思

- 夏洛特的粉笔游戏是如何帮助她开发创造力的？
- 在你所在的幼儿园或其他教育机构中，有多少儿童可以主导自己的游戏？
- 就选择和谁玩、玩什么以及在哪里玩而言，儿童有多少自主权？
- 儿童被鼓励用自己的方式做事吗？

游戏的第五个特征是：“儿童在游戏中预演未来。游戏帮助儿童提前学习那些他们目前还无法完成的事情。”

儿童对周围的成人所扮演的角色充满了好奇，他们想知道成为母亲、父亲、教师、警察、建筑工人、护士或店主是怎样的体验。通过角色扮演，儿童为自己未来可能成为什么样的人创造了许多种可能性，它也可以帮助儿童思考成为母亲、父亲或医生应该是什么样子的。教师会观察到儿童如何通过游戏预演他们未来的角色。例如，有些儿童装扮成建筑工人或交通管理员。通过扮演交通管理员，儿童可以了解这一职业的特定任务，如开具停车罚单，并在模拟的情境中加以实践。在这个过程中，儿童会排练他们认为与自己所扮演的角色相关的各种重要技能。这种角色扮演游戏为儿童提供了一个安全的环境，让他们探索在日常生活中所接触的不同的角色和人物。

艾丹（2岁9个月）在花园里用积木和纸板箱进行探索。他把其中一个纸板箱拖到滑梯旁，放在三个板条箱上面。然后，他放下纸板箱，竖起手指，仿佛在按按钮。他在按下“按钮”时，发出了“啊”的声音，然后拖走了纸板箱。一个成人问他：“你在做什么？”艾丹回答说：“我正在收集垃圾，把它们放进机器里。”他走开之后，又折回来，重复这个动作和声音。成人问艾丹：“当你把垃圾扔进机器里时，它们会怎样？”“机器粉碎了垃圾！”艾丹回答。他在整个上午的大部分时间里都在做这件事，那天下午的晚些时候，他又收集了纸板箱和积木，把它们放进“机器”里。后来，有人无意中听到艾丹对另一个孩子说：“你知道的，机器就在垃圾车的后面，所有垃圾都去那里。”

问题与反思

- 你能描述一下这种角色扮演游戏是如何帮助艾丹建立自信的吗？他未来可能从事哪种职业呢？
- 你观察到孩子们创造的世界是什么样子的？
- 你观察到的儿童游戏是纯粹的幻想还是现实与想象的结合？

游戏的第六个特征是："游戏可能是由儿童独自进行的，而且这种游戏往往意义深刻。儿童通过游戏了解自己是谁，以及如何面对和处理自己的想法、感受、人际关系及身体。"

独自游戏是指儿童选择自己一个人玩游戏。有时，儿童需要时间独自游戏，以发展自己的想法、知识、情感和理解能力。独自游戏既是有益的，也是重要的，因为它给儿童提供了私人空间，并为其提供了反思、重复和思考的机会，还能让儿童自由地控制什么时候发生什么事情。教师不应强迫想独自游戏的儿童与其他人一起游戏，儿童需要时间独处。独自游戏可以让儿童按照自己的方式自由地做事，尝试新的想法和冒险。教师的角色应该是在尊重儿童行为的同时进行观察，以便能够理解它。

查理（3 岁 3 个月）正在进行独自游戏。他向墙上扔了一辆木头做的玩具车，玩具车落在了窗台上。他试图够到窗台，但窗台实在太高了。于是，他找来一块木板，试图够到玩具车，但只是把玩具车推得更远了。他大声说道："不行，我需要一根长木棍。"于是查理带着扫帚回来了，他起初用的是扫帚柄。"还是不行！"他说道，然后他调转扫帚的方向，用扫帚头把玩具车扫了下来。

问题与反思

- 你会如何向家长解释儿童进行独自游戏的重要性？
- 你是否曾观察到儿童独自做他们感兴趣的事情？
- 列出独自游戏的三个好处。

游戏的第七个特征是：“游戏有可能把儿童带入假想的世界，让他们得以想象其他的世界，创作出超越当下现实时空的各种可能与不可能的世界的故事，包括过去、现在和未来，并体验不同的角色。”

假装游戏是由儿童的内在动机驱动的，也是由他们自主选择的。它可以非常简单，比如儿童将一块积木想象成一辆小汽车；也可以相当复杂，比如儿童在虚构的情境中扮演某个角色。假装游戏能帮助儿童以富有创造性的抽象方式运用和发展自己的想象力。在许多方面，假装游戏不仅是儿童回忆过去经历的一种方式，也是他们理解周围世界的重要途径。当儿童参与假装游戏时，他们将通过扮演不同的角色，理解承担不同角色的人在各种情境下如何行动。假装游戏对于儿童而言是非常重要的，因为它能使儿童理解并且应对自己的经历。儿童在能够说话之前就可以通过游戏来体验他们的经历。教师可以通过给予儿童足够的时间进行游戏，并且支持和鼓励这一类型的游戏来帮助儿童。

喜屋（3 岁）在花园里玩大积木。他先在地上放了一块积木，然后在它的周围搭建更高的积木。他花了一些时间调整积木，直到自己对积木的位置感到满意。之后，喜屋在最高的那块积木周围放置了四块更长的积木，然后爬了进去。一个成人走过来问他在做什么，他回答说，那是一间“禁闭室”，他被关在了“禁闭室”里。喜屋不让其他孩子进入“禁闭室”。他告诉成人，他不想让其他孩子待在那里。片刻之后，喜屋拓展了“禁闭室”的结构并在其周围建造了更多的墙壁。成人问他是否要把“禁闭室”建造得更大。他说：“不，它现在是一艘船。”喜屋不想让其他孩子上他的“船”。他先把“船”靠在了“码头”上，然后说想要一面“船帆”，这样“船”就能移动了。

问题与反思

- 你是否观察到儿童象征性地表现事物？
- 你是否观察到儿童作为复杂的符号使用者？
- 你能看出喜屋对船的航行原理的认知和理解吗？
- 你如何用这类知识支持喜屋的理解？
- 你是否反思过儿童在游戏和探索中使用了多少象征性知识？

游戏的第八个特征是：“儿童和成人可以以平行游戏、联合游戏或合作游戏的形式共同玩耍，既可以双人结对也可以集体参与。”

合作游戏是一种社交游戏。它鼓励孩子们一起玩耍，帮助他们学习社交技能和与他人相处，同时鼓励他们学会分享和轮流。

杰达（3岁6个月）和萝宾（3岁8个月）正在泥巴厨房里一起玩游戏。她们假装石头、贝壳和鹅卵石是食物，还摆好了桌子。杰达上菜，萝宾倒水。有人听到她们正在计划要玩什么以及怎么玩。杰达说：“我们先去商店买些冰激凌，然后去公园。我们可以开车去，我会开车。”

问题与反思

- 你观察到假装游戏是如何帮助儿童沟通的吗？
- 你观察到儿童是如何表达自己的想法和感受的吗？
- 思考你上次观察到的儿童假装游戏，你认为对于他们而言重要的是什么？
- 你认为这类游戏如何促进儿童的整体发展？

游戏的第九个特征是："游戏可以由儿童或教师发起，但教师需要牢记，每个游戏参与者都有自己的游戏计划（尽管游戏参与者可能并未意识到自己的计划），教师应尊重这一点，避免让自己的计划主导儿童的游戏。"

教师需要知道如何以及何时介入儿童的游戏，以便儿童在游戏中保持主导地位（Fisher，2016）。这意味着，教师需要能够识别并尊重每名儿童的游戏能动性和动机。

一位教师将角色扮演区布置成商店，希望孩子们借此练习数字技能。然而，孩子们并不想玩商店游戏，而是想制作口罩，涂抹洗手液，并开展一些关于排队和保持社交距离的游戏。其中，一个孩子甚至想制作病毒。教师认真地思考了孩子们的想法，并顺应了他们的意愿。她还提议，孩子们可以制作"两米间距"的标识和限流提示牌（用来告知购物者商店内允许进入的人数）。通过这种方式，教师认可和尊重了孩子们的游戏能动性及内在动机。

问题与反思

- 在观察儿童时，你觉得重要的是什么？你会记录什么？你觉得哪些事情有趣？
- 如果用数字 1—10（“10”表示非常重视）衡量你对儿童假装游戏的重视程度，那么你会打几分？
- 你能想到某次孩子们邀请你参与游戏的经历吗？你是否认真地对待了他们的想法和问题？
- 你能想到某次自己在没有被孩子们邀请的情况下参与其游戏的经历吗？在这种情况下，你知道孩子们的游戏计划吗？
- 你是否观察到孩子们在游戏中自主探索感兴趣的活动？
- 你有信心干预孩子们的游戏吗？
- 你能想到一次自己敏感地干预儿童的自发游戏的经历吗？
- 你是否观察到儿童行为背后的动机？

游戏的第十个特征是：“儿童在自主游戏中十分专注，其他事物很难分散他们对学习的注意力。儿童在游戏时会沉浸在学习中。”

儿童需要连续的游戏时间，这样他们才能探索自己感兴趣的事物（Gopnik，Meltzoff，& Kuhl，1999）。如果儿童对他们正在做的事情不感兴趣，那么他们就会很难集中注意力。

在一次动物园之旅中，哈里（3 岁）对看大象不感兴趣。他更感兴趣的是研究过往的轮椅。哈里目不转睛地盯着轮椅。他坚持让他的母亲跟着轮椅走，这样他就能看到它是如何移动的。回到家后，哈里把婴儿车翻转过来，开始一次又一次地转动轮子。这周晚些时候，哈里发现小小世界游戏场景中有一个坐在轮椅上的小女孩玩偶。他花了很长时间带着小女孩玩偶四处走动。然后，他找来一个成人玩偶，把它放在了轮椅后面，让它“推”着小女孩玩偶。

问题与反思

- 你是如何观察到游戏对儿童智力发展的影响的？
- 在你的观察中，儿童是如何展现自己的想法的？
- 你能看出哈里在探索他的想法、感受和经历之间有什么联系吗？

游戏的第十一个特征是：“在游戏中，儿童会尝试运用自己最近学到的知识、熟练掌握的技能，并巩固它们。他们运用所学的知识和技能，自信地将其付诸实践。”

这意味着儿童会在游戏中展现他们的已有知识和技能。当教师观察儿童进行游戏时，他们会发现儿童将自己之前学到的知识应用到游戏中。正如福禄贝尔所说：

> 心灵在自我启示中成长。儿童在游戏中可以确认自己的能力，并通过自发地运用自己的力量，发现自身意志和思想的可能性。在工作中，儿童执行他人为其设定的任务，展现的是他人的而非自己的倾向和喜好；但在游戏中，儿童会展现自己原有的力量。（1887，pp. 54–55）

这意味着，儿童会在游戏中应用他们近期所学到的知识。

蒂娅（3 岁 11 个月）正在探索镶嵌图形。她先花了一些时间观察它们。过了一会儿，蒂娅开始从一堆材料中选择六边形，将其一个接一个地放在另一个六边形的外面，并将这些六边形拼到一起，形成一个没有空隙的图案。图案的一处出现了一个小小的缺口，所以她添加了一个菱形，以使整个图案更加完整。当菱形用完时，她找到了两个三角形，用其组合成菱形，并将其放在六边形的空隙中。

问题与反思

- 你看到蒂娅在游戏中是如何运用所学的知识的吗？
- 你是否观察到儿童自己尝试和发现事物的过程？
- 你如何利用观察帮助儿童拓展知识和提高能力？
- 你是否积攒了儿童将所学知识运用到游戏中的观察记录？
- 对蒂娅的观察向我们清楚地展示了游戏与儿童发展之间的关系。

游戏的第十二个特征是："儿童在游戏中统筹自己的想法和感受，并且思考自己与家人、朋友以及所处文化之间的关系。游戏是一种整合机制，它允许富有灵活性、适应性、想象力和创新性的行为出现。游戏使儿童成为完整的人，能够在瞬息万变的世界中保持生活的平衡。"

在游戏中，儿童协调自己的想法、感受和身体。他们能理解社会关系以及他们在周围世界中的自我意识。游戏是儿童回忆自己经历的主要方式。这一过程使儿童能够以富有创造力和想象力的方式利用游戏。随着游戏的发展，儿童会想出新的主意和处事方式，以保持游戏顺利进行。重要的是要记住，儿童若要在游戏中使用自己的所见所闻，就需要将其内化为自身的一部分。他们必须以某种方式将自己看到的东西整合起来，加以理解。

亚历克斯（3岁2个月）在游戏垫上玩“消防站游戏”。之后，他走出去，拿了一辆玩具消防车和三个警察玩偶回来，并将三个警察玩偶当作“消防员”。他把玩具消防车推到“路边”，以寻找“起火点”，并花了些时间清理阻塞“道路”的“树木”。当他终于到达“火灾现场”时，他发出“嘶嘶嘶”的声音，就像水从消防水带里喷射出来的声音。然后，他继续这样做，寻找其他需要被扑灭的“大火”。

问题与反思

- 你是否观察到儿童的自主游戏?
- 你是否观察到儿童利用游戏将他们的想法和感受结合在一起?
- 你对儿童的观察有多仔细?
- 对于想要理解和解读儿童游戏的教师而言，观察是非常重要的。

观察与游戏的12个特征

游戏是儿童生活的重要组成部分，是其天性的一部分，儿童需要游戏并尝试各种想法（Froebel，1887）。教师的观察应该源于儿童积极参与的活动。游戏的12个特征旨在强调游戏的重要性。通过研究和了解它们，教师可以更深入地理解他们所教的儿童。教师的职责是收集观察信息，这些观察信息将告诉他们如何支持每名儿童的发展、兴趣、交流和学习方式，并制订相应的计划。教师需要识别和留意儿童的有意义学习，以规划能够丰富儿童经验的方案。教师还需要学会根据观察到的情况采取行动，利用观察到的信息对儿童的发展与学习情况做出适当的评估，以便精心准备，为他们提供支持。1840 年，福禄贝尔认为观察是教育实践的基本组成部分，而游戏是“儿童的工作”。他理解让儿童自主学习新事物的重要性，而非阻止儿童的行为，即使在成人看来，这一行为可能并不安全（比如爬树）。如今的研究表明，在最优质的教学环境中，观察被认为是教育者角色的一个关键方面，在日常实践中，往往被赋予一定的地位。教师不是只需要填写表格、拉动杠杆和按下按钮来生产那些接受监管的最终产品的技术人员。相反，他们需要观察并从各种各样的来源（包括对儿童的直觉）中收集信息，以便对儿童知道什么和不知道什么做出最准确的评估或判断（Drummond，1993）。

反　思

教师需要做到以下几点。

- 认识到通过识别游戏的 12 个特征，可以获得关于儿童发展和认知的具体信息。
- 经常花时间倾听和观察儿童的所说与所做。
- 经常反思自己给儿童提供的经验的价值。

小　结

游戏的 12 个特征为我们指明了需要关注的关键指标。观察游戏如何协调儿童的发展与学习，包括观察儿童如何利用自己的直接经验、如何自主制定规则以掌控游戏、如何遵循自己的游戏计划，以及如何保持专注而不分心。其间，儿童在游戏中会创设假装游戏的场景、制作道具、尝试不同的观点以及感受并理解自己的生活，还会根据自己的意愿选择何时以及如何游戏、独自游戏还是与其他儿童或成人一起游戏（Bruce，1919，2019）。

通过观察，教师将发现儿童不同的游戏方式。当教师理解并识别出他们所观察到的儿童行为时，他们就能够很好地支持和拓展儿童的学习。在下一章，我们将探索图式，以及儿童喜欢反复做某些事情的原因。

参 考 文 献

Bruce, T. (1991) *Time to Play in Early Childhood Education.* London: Hodder & Stoughton.

Bruce, T. (2015) *Early Childhood Education* (5th edn). London: Hodder & Stoughton.

Bruce, T. (2019) *Educating Young Children: A Lifetime Journey into a Froebelian Approach. The Selected Works of Tina Bruce*. London: Routledge.

Drummond, M.J. (1993) *Assessing Children's Learning*. London: David Fulton.

Fisher, J. (2016) *Interacting or Interfering? Improving Interactions in the Early Years.* Maidenhead: Open University Press.

Froebel, F. (1887) *The Education of Man*. New York: Appleton.

Gopnik, A., Meltzoff, A.N. and Kuhl, P.K. (1999) *The Scientist in the Crib: Mind, Brains, and How Children Learn*. New York, NY: William Morrow & Company.

Piaget, J. and Inhelder, B. (1969) *The Psychology of the Child*. New York: Basic Books.

Zosh, J.M., Hopkins, E.J., Jensen, H., Liu, C., Neale, D., Hirsh-Pasek, K., Solis, S.L. and Whitebread, D. (2017) 'Learning Through Play: A Review of the Evidence'. *LEGO Foundation*.

第五章

图式

爱（1）班 文宣（5岁）

儿童会经历一个非常重要的特定的发展与学习阶段，即“图式（schemas）阶段”。图式具有生物性，在世界各地的婴幼儿身上都会出现。克丽丝·阿西（Chris Athey，1990，p. 37）将图式定义为“一种可重复的行为模式，人的经验会被同化并被纳入其中，并且这些行为模式会逐渐相互协调。这种协调将造就更高级、更强大的图式”。

简而言之，图式是儿童在他们所处的环境中应对遇到的事物时反复尝试的动作。图式是人类所共有的，不分种族、性别和文化。它们依赖儿童的直接经验，也受到其成长的文化背景的深刻影响。图式也具有社会文化性，也就是说，儿童成长过程中所接触的其他儿童、成人和文化都会影响其生理发展路径。随着儿童获得越来越多重复活动的机会，他们会开始以许多不同的方式展示他们对图式的理解。

例如，儿童可能反复地把物品藏在沙子里和有盖子的盒子里。这不仅可以帮助他们探索“客体永久性”（物体即使不被看见也仍然存在）的概念，还可以培养他们记忆物品位置的能力。同样，将事物连接在一起可以帮助儿童理解连接性和顺序性。随着图式发展得越来越复杂，教师可能会观察到儿童探索一系列的图式概念。图式的协调很重要，因为它有助于提高儿童正在发展的技能，并由此催生出更强大的图式。

我们可以从很小的孩子身上看到大量重复的动作，包括：

- 追踪；

- 注视；
- 垂直和水平移动；
- 绕圈；
- 包裹或包围；
- 垂直上下运动；
- 前后、左右的水平运动；
- 圆周运动——转圈和旋转；
- 越过和钻过。

了解图式知识将帮助教师理解儿童为什么在沙子里藏东西或在家具之间系绳子。图式是一种用于观察、评估和规划儿童发展的有效工具。教师需要能够识别儿童的图式，从而支持或者拓展儿童的学习。这意味着，如果我们观察到某个孩子在参与各种不同的活动，如连接车厢、轨道、建构玩具和绳索，那么我们就可以通过用语言描述他在做什么来支持他。与此同时，我们将明白，为儿童提供一个拥有多种连接材料的环境是很有必要的。

图式是皮亚杰理论的一部分

皮亚杰关注儿童如何学习知识，特别是他们的智力发展。他认识到，为了获得知识，儿童必须先通过各种感官接触他人、物体和环境。他相信，重复是一种强大的工具，它能让儿童进行感知和预测（Piaget & Inhelder，1956）。

人们经常会观察到儿童一次又一次地玩同一个游戏。事实上，他们在重复自己在日常生活中所经历的事件，比如哄孩子睡觉、扮演爸爸妈妈或去购物。儿童的很多游戏看起来都是重复的，并且与他们的日常生活相关。重要的是，教师需要理解，这种持续重复的行为能够帮助儿童更加熟悉他们的日常经历，并使其回忆和内化这些事件。尽管儿童的语言能力还没有完全发展，但重复的行为可以帮助他们回忆自己所知道的事情。皮亚杰和英海尔德（1956）的图式理论涉及同化、适应和顺应。

同化是指儿童不断地吸收和理解新的经验。例如，约翰（3 岁 9 个月）已经接触三角形、正方形和长方形的磁力片 18 个月了。在这段时间里，他通过堆叠、建造塔楼、拼图和分割形状来探索它们。他将所学习到的一切嵌入、同化到自己的思维中。他对他的妈妈说："我在装饰大树。"他制作了大树，并为其选择了颜色和图案。约翰的重复行为使他能够拓展自己的经验，这反过来又支持了他的象征性游戏。这其实是约翰在不同的情境中探索和应用所学知识的表现。同化是一个随着时间的推移重复进行的过程，它使儿童能够嵌入和整合新的学习经验，使这些学习经验成为他们自身思维的一部分。

适应是指堆叠东西、建造塔楼、拼嵌图形、探索属性和分割形状的经验如何引导约翰基于已有发现发展出新的思维方式。利用这种方式，约翰可以结合自己的直接经验，组织、分析、解读和重新解读信息。如今，他因假定自己所学的知识就是事物运行的规则而充满信心，并且正从探索阶段迈向发展思维的阶段。

顺应是指儿童需要通过重复经验进行学习。如果某种经验没有被儿童顺应，那么它就不能成为儿童的一部分。重复有助于儿童顺应新的经验，并促使更多相关的经验被顺应。约翰的学习在此过程中得以内化，并成为其思维结构中的一部分。

图式是如何发展的？

《早期基础阶段》将图式定义为“儿童的重复行为模式”，它指出：

> 儿童常常有很强的驱动力去重复做某些动作，例如将物品从一个地方移动到另一个地方、遮盖物品、将物品放入容器中、转圈或扔东西。这些行为模式经常可以在他们的游戏中被观察到，而且不同儿童的行为模式通常有所区别。如果教师能够利用儿童的这些兴趣开展工作，那么儿童就能实现高效的学习。（2006，p. 134）

图式通过直接经验进行发展，并与大脑的发展息息相关（Shore，1997）。近年来，神经科学家们发现，婴幼儿需要以多种不同的方式做事，并且至少需要重复400次，才能在大脑发育的过程中建立神经元连接。根据英国威尔士地方政府（2021，p. 54）的说法：“图式可以助力儿童通过探索性游戏表达他们不断发展的想法和思路。图式游戏中的重复动作，将有助于儿童理解他们所从事活动的意义。”

在生命的最初几年，婴幼儿的大脑发育极为迅速，每秒钟都会形成数以百万计的神经元连接。婴幼儿与人或物品的每一次互动都会直接影响这些神经元的连接。起初，婴幼儿的反应是无意识的，然而，当他们的运动能力增强并拥有更加丰富的经验时，他们就能够结合自己的感官技能、信息过滤能力和感知能力做出反应，比如开始有意识地、目的明确地、深思熟虑地重复自己的行为，并运用自己的感官、注意力和感知能力理解周围的世界。他们会被观察到利用运动和所有的感官去观察、寻找、发现、感觉和探索周围的一切。当我们观察婴幼儿与人、物体和环境的互动时，我们会注意到他们行为中的这些重复模式。《重要的 0—5 岁》（Birth to 5 Matters, 2021, p. 81）鼓励教师"注意那些以特定的方式做重复动作（例如旋转、拍手或投掷）的儿童"。

为什么图式很重要？

根据威尔士地方政府的说法：

> 图式可为个体未来理解数学和科学奠定基础。它为儿童充分理解语言概念提供了现实机会，并且有助于他们发展问题解决能力和创造性思维。儿童对事物"如何"和"为何"发生的探索驱动力，能够增强他们的神经通路，使他们更容易在学习中建立联系，测试自己不断形成的思维，并以此做出选择和决策。如果成人未能提供让儿童充分接纳和探索图式的机会，则可能会削弱他们的能动性。（2021, p. 54）

通过重复行为，儿童得以在能够说话或理解他人的话语之前，向我们展示他们的想法。通过重复简单的动作，例如丢东西或抛东西，儿童得以理解材料的属性，例如羽毛会在空中飘动，而石头较重，会落到地上。这种重复体验和收集信息的渐进过程，有助于儿童积累知识并理解特定的概念，这就是阿西（1990）所说的"更强大的图式"。事实上，这些早期概念才刚开始被探索。

值得注意的是，儿童会使用不止一种图式，而且一种图式中的动作也可能出现在另一种图式中——它们往往存在交叉关系。布鲁斯（1996）提醒我们"图式是儿童可以概括并在各种情况下使用的相关行为模式，最好将图式视为一组可以被拼凑在一起的‘行为片段’”，这些片段接下来会进一步发展为抽象的概念。

图式可以帮助儿童建立心理地图。如果儿童记不住他们做过的事情，那么他们就没有学到任何东西，这就是重复对于记忆发展至关重要的原因。英国苏格兰地方政府的《确立愿景》[①]（Building the Ambition，2010）所提出的观点呼应了这一点，它指出：

> 图式是重复的行为模式，经常出现在儿童的游戏中。经验丰富的教师要认识到这些独特的行为模式，也要为儿童提供机会。例如，儿童用袋子将所有的砖块积木从一个地方运到另一个地方，或者将托盘中的沙子运到家里的角落，再或者推着婴儿车里的娃娃四处走动。这种重复行为就可以被称为“搬运”，它是图式游戏的一个例子。重要的是要意识到，偶然出现的行为和短暂的兴趣不是图式。（2014，p. 40）

儿童的图式会在一系列不同的情境中显现。对于教师而言，重要的是要理解，当儿童开展图式游戏时，他们不是在捣乱，而是在进行早期学习，教师应通过提供机会来支持儿童验证他们的假设。

儿童还需要被赋予探索的机会，这样他们才能将经验转化为可用的知识。而借助于图式，儿童可以将经验转化为自己的实践知识。例如，为了了解羽毛和树叶的不同属性，儿童需要经历多种情境，获取大量的经验。通过图式游戏，儿童可以以自己的方式和节奏接触并了解许多概念。儿童会不断地吸收新信息和新经验，将其内化，

① 《确立愿景》是苏格兰早期教育政策的重要基础文件，为教师提供了初步的框架和实践建议，旨在为其婴幼儿教育实践提供指导。——译者注

以便适应和拓展它们。

苏格兰地方政府的《实现愿景：做自己》[①]（Realising the Ambition：Being Me，2020）提醒我们：

> 花时间反思观察结果，可以让我们思考儿童对什么感兴趣或好奇、在探索什么想法，或者他们在发展什么技能。对于一些儿童而言，观察可以让我们深入了解他们所表现出的图式和学习品质（2020，p. 66）。

无论是以个人的还是小组的形式，教师都可以通过识别图式来发展儿童的理解能力，并提供有意义的资源以支持儿童。观察儿童的图式，并将其作为支持和促进儿童全面发展与学习的基础是必不可少的。如果我们在这个阶段没有做好，即没有培养儿童反复做事的习惯，那么儿童的后续发展就会受到阻碍。教师要理解儿童如何通过图式展示他们的思考，以及儿童可能正在探索什么概念。这就是为什么教师需要能够认识到这是一种早期学习，并能通过提供机会帮助儿童验证他们的假设来支持他们。

皮亚杰建立了一个复杂的结构来概述儿童获取知识的方式。在这个结构中，他进一步强调了感官整合以及儿童早期有意识的象征性游戏的重要性。皮亚杰认为，随着儿童的发展和成长，图式将以四种不同的方式（感觉和运动发展、象征性表征、功能依赖以及抽象思维）表现出来。

---

① 《实现愿景：做自己》是《确立愿景》的更新和扩展版本，该报告涉及早期教育和保育，反映了苏格兰早期教育政策的最新发展情况；结合了更多实践经验和研究成果，为教师提供了更全面、更具体的实践指导，能帮助教师更好地理解和实施以儿童为中心的教育方法。——译者注

感觉和运动发展

在婴幼儿能够探索和玩游戏之前，他们必须先整合自己的运动和操作技能。我们常常观察到婴幼儿整合运动与他们通过感官收集到的信息，这些信息包括他们所看到、听到、触摸到、品尝到和闻到的一切。婴幼儿会筛选这些信息，并运用他们的感知能力去分析、组织、解读并重新解读信息。当我们观察婴儿或学步儿时，可能会注意到他们眼神中流露出的疑惑、审视和权衡（Froebel，1886）。

婴儿和学步儿有一种强烈的感觉需求，他们会注视那些新奇、有趣的事物，例如发光的和彩色的东西。有时，他们做某些事情仅仅是为了享受身体上的快感，比如跑来跑去、不停地转圈、在家具上爬上爬下、跳跃和投掷，又或者他们可能只是想观察胶水从刷子上滴落。对于这个阶段的孩子而言，重要的是要用双手感受沙子、水、面团或黏土，或者观察胶水滴落在纸上。对于他们而言，感受材料本身就是一种乐趣，而不是为了用这些材料制作物品。他们需要充分地体验某件事情，而不是匆忙地完成它。米德和库比（Meade & Cubey，2008）提供了一个生动的例子：阿拉斯泰尔（3 岁 9 个月）在参观科学博物馆时一直盯着一个机械模型不肯离开，这个模型通过旋转手柄带动一颗大木螺丝转动，从井里汲水。

学习源自婴幼儿对自己与世界互动的感觉记忆。重复的动作有助于巩固婴幼儿的记忆，使婴幼儿记住有意识的行为，而不仅仅是早期的条件反射。图式可以被理解为一种非言语的经验记忆。当婴幼儿通过重复的动作探索和发现自己对事物的影响时，他们实际上是在通过行动表达自己的想法。下面的观察就是很好的例子。

威廉（2 岁）连续几周都在水槽旁玩。他反复用一个小水壶把水舀进桶里。

玛丽萨（21 个月）几乎每天都会站在洗手池边，打开水龙头，看着水流出来。之后，她一般会拔掉洗手池的塞子，往洗手池里再放些水，然后看着水从排水孔流下去。

塞缪尔（15 个月）观察干沙子从他的手指间流走。

儿童之所以重复这些动作，是为了获得纯粹的身体体验，比如感受水流过手指或者看着沙子流动。在这些情境中，儿童会饶有趣味地用他们的感官去实践、实验和探索。

莫莉·戴维斯（Molly Davies，2003，p. 61）对儿童如何运动和思考表现出浓厚的兴趣，她描述了运动如何“渗透在儿童早期成长和发展的复杂过程中，并整合儿童生活中的身体、认知、情感和社会方面”。戴维斯认为，有时儿童选择运动是为了运动本身，并将其作为表达方式，比如为了享受乐趣而旋转，或者随着音乐动起来。儿童也会用身体动作对某种经验（例如海浪拍打沙滩或汽车高速转弯）做出反应。婴幼儿运动和移动物体的体验常常与具象动作（表现性运动）相融，例如，孩子把椅子拖成一排并将其称作“火车”，与此同时，他也会在爬上爬下的过程中获得乐趣。

根据格哈特（Gerhardt，1973，p. 120）的观点：“身体运动是思维的基础，它既源于感官知觉、意象和思维，又促进这些方面的发展。每个人都会按照自己的模式组织自己的经验。”这意味着婴幼儿的身体运动不仅反映了他们的个人经历，还蕴含了特定文化的共同意义，例如随着音乐舞动。个人风格同样重要，例如，一个孩子可能通过充满活力的动作来表达自己的幸福感，而另一个孩子则可能通过平和的静止来表达同样的感受。因此，我们不能简单地认为某个特定的动作就反映了某种特定的感觉。

象征性表征

一旦婴幼儿学会走路和说话，他们就会反复地假装做熟悉的动作，比如哄孩子睡觉或吃晚饭。到 1 岁的时候，他们已经积累了很多有关睡觉和吃饭的经验，因此可以将这些信息应用到游戏中。教师会观察到他们象征性地探索特定的图式。

米德和库比（2008，p. 6）提供了一个有关象征性表征的例子：阿拉斯泰尔（3 岁 9 个月）做了一辆有车轮的小汽车，他使车轮转起来，并说道："看，它们在转动。"然后，他指着车轮上面的方形物（座椅），说道："它们也会转动。"因为他曾被打字员的转椅吸引。

重要的是，学步儿与幼儿能够以具象的方式练习他们所知道的有关睡觉和吃饭的行为。这意味着，他们需要用逼真的玩具娃娃和床以及日常家庭用品进行游戏。通过游戏，他们会被观察到使用与实际物品相似的东西，例如用一把大画刷扫地，或者用一支小画笔涂指甲。

随着儿童获得更多真实的直接经验，他们的游戏将从具象的、真实的和具体的转变为象征性的。此时，儿童可能会用一根木棍代表小婴儿，用一个罐头代表床。对于儿童而言，用一件物品代表另一件物品是其学习与发展中的重要里程碑。

在象征性表征的情境中，儿童会用多种不同的方式重复某个特定的图式。例如，一个对轨迹或搬运图式感兴趣的孩子可能会将木棍排成一排，假装它们是停放的汽车。教师需要理解，当儿童意识到自己可以用物品象征性地表达意义时，即发生了重要的认知转变——儿童通过这一方式使自己的思维变得可见。这种游戏不仅有助于儿童运用符号，帮助他们发展想象力和抽象思维，还与他们在游戏中所谈论的事物密切相关。

约翰·马修斯（John Matthews）的研究关注的是儿童早期通过标记（视觉表现的开端）赋予行为以意义的过程。他注意到，婴儿对运动感兴趣，而不是对形状或颜色感兴趣。他引用了科尔温·特雷瓦森（Colwyn Trevarthen，1999—2000）的研究成果，该研究成果提到婴儿能够控制自己的节奏并使其与照护者同步，在他看来，这些行为的发生时机、速度和节奏会为婴儿日后进行玩耍、建构和涂涂画画奠定基础。马修斯（2002，p. 31）指出："儿童早期的涂画行为，其实是他们的想法与纸上呈现的内容之间的一种对话。"他补充道，在这个与语言习得类似的过程中，儿童会探索自己绘制的图案和结构，以及自己的绘画行为，并会按照以下发展顺序，将动态的动作图式与象征性的图式（图像）结合起来：

- 有 3 种标记动作——垂直弧线（1 个月大时出现）、水平弧线（3 个月大时出现）和推拉动作（4 个月大时出现），这些动作出现后会在社会环境中被赋予特定的意义；
- 1—2 岁的儿童开始意识到动作能留下痕迹，而且不同的动作留下的痕迹不同。接着，他们会区分线条和动作并对其进行分类。从 18 个月开始，儿童对空间中的点的感知逐步发展，并能做出连续旋转的动作。《早期教育课程框架》（2009，p. 58）指出，支持性的成人应"鼓励婴儿尝试新事物，支持他们练习并重复开展活动"。

马修斯（2002）提出，2 岁起，儿童便会将动作与标记结合起来（如锯齿形和环形的移动轨迹）。在整个过程中，儿童不仅持续练习和重复自己的已有经验，还会赋予这些标记以情感与象征性意义。儿童创建自己的绘图规则，并尝试使用它们创建新的组合：

- 三四岁的儿童开始表征物体和自己的运动，这与语言习得有关，因为图画与口头叙述相关联；
- 他们接着会探索符号（这些符号往往捕捉了物品的某些形状特征）和标志（字母、数字和单词，其形状是任意的和约定俗成的）之间的区别，通过绘画来弄清楚符号和标志的作用。

功能依赖

功能依赖需要儿童对事件的开始和结束及其中间的环节有所认知。也就是说，儿童会做某件事以便让另一件事发生，例如，一个孩子可能会假装用“钥匙”开门进到“屋子”里，或者买“票”登上“火车”或“飞机”，或者知道如果他们在一堆积木上面再放一块积木，这些积木就会倒下来。通过这种方式，儿童开始展示自己对因果关系的理解。根据布鲁斯、路易斯和麦考尔（Bruce，Louis，& McCall，2015）的观点，我们会看到这个阶段的儿童的因果概念正在逐渐形成。

米德和库比（2008，p. 7）给出了对阿拉斯泰尔进行 12 个月跟踪观察后的记录。

> 阿拉斯泰尔（4 岁 9 个月）在参观完铁路后，与杰克（4 岁 9 个月）一起玩游戏。他们制作了一个“铁路道口”并铺设了与“公路”相交的“铁轨”（网格图式）。他们通过旋转“道口栅栏”来关闭“铁路道口”，这样就封锁了“公路”……他们让“火车”沿着“轨道”行驶，然后再次旋转“道口栅栏”，让“小汽车”穿过铁轨。

对于儿童而言，因果关系是指理解可能会发生什么，例如，儿童可能对玩具的运转方式充满好奇，甚至会将其拆开，以探究其中的因果关系。同样，他们也可能对自行车的车轮为何转动而感到好奇。理解因果关系是儿童认知发展的高级阶段，标志着他们开始理解：当他们做某件事时，会让其他事情发生。

变换（transforming）与儿童在探索中的发现有关，虽然它有时被称作一种图式，但它的实际意义并非如此——它是儿童参与图式游戏所产生的结果。儿童可能对自己这种改变事物的能力着迷，乐于观察混合颜料、烹饪、切割、融化材料时会发生什么。科学探索源于人们对因果关系的探究。

索菲娅（3 岁 1 个月）在暖气片上暖手，然后用手的温度融化一块巧克力。

杰茜（3 岁）在水箱中移动船和其他漂浮物。她把船按下水面后，水进入船里，使船下沉。在接下来的几个星期里，她发现，通过不断地把水从一个容器倒进另一个容器里，装满水的容器也会立在水箱的底部。

博比（3 岁）坚持在天气晴好的夏日穿着他的绿色夹克去公园，这样可以帮助他在滑梯上滑得更快。

抽象思维

米德和库比向我们提供了他们之前对阿拉斯泰尔的一次观察，它表明儿童的发展不是线性的，而是以众多线索交织成网的方式进行的，正如埃万耶卢等人（Evangelou et al.，2009）所指出的那样：

> 阿拉斯泰尔（3 岁 6 个月）注意到了转动绞干机把手对湿衣服的影响。他的妈妈建议他向反方向转动……（后来），阿拉斯泰尔与他的爸爸谈论钓鱼竿。他说："你知道钓鱼竿吗？当你把它甩出去的时候（他做了一个甩竿的动作），线就会完全伸展开。"他的妈妈问他反向转动把手的话会发生什么，阿拉斯泰尔说："线会变短。"（Mead & Cubey，2008，p. 7）

儿童的抽象思维体现在他们讲述自己所遇到过的事件、概念以及产生的想法的时候。例如，爱丽丝（4岁5个月）着迷于制作东西。在几个月的时间里，她用回收材料制作了不同大小的雨伞。爱丽丝使用一个大鸡蛋盒和一个厨房纸巾筒，她小心翼翼地将厨房纸巾筒放在大鸡蛋盒的中间，并用胶带固定。然后，她用软木塞进行装饰，确保雨伞的每边悬挂的软木塞数量相等。尽管如此，雨伞还是不能保持直立。当成人问爱丽丝雨伞是否平衡时，她没有经过检查就说"不"。因为爱丽丝已经探索这个问题几个月了，她知道雨伞的各边是不一样的。后来，在雨伞不在面前的时候，爱丽丝解释说雨伞之所以不平衡，是因为其中一个软木塞的大小与其他的不同。抽象思维可以帮助儿童明确自己理解什么、不理解什么。

图式可以是动态的（以动作呈现），或是象征性的（捕捉图形、绘画和标记中的静态画面——这具有一定的象征意义）（Athey，1990）。例如，对于包裹图式而言，其动态性可能表现为儿童将水桶装满水和倒空水桶，其象征性可能表现为儿童画沙坑中的沙子。以托比的画作为例，他画出了戳痕、斑点和圆点，还有一条封闭的线条。然后，他用颜料覆盖了这些内容，将其标记为他的"沙坑"。托比的这些行为是相互关联的，它们帮助其探索和理解事物的运作方式。通过观察图式的动态性和象征性表现形式，教师可以更好地了解儿童从事特定活动的动机，以及他们专注并深度参与的活动类型。对儿童的观察，将有助于我们看到儿童游戏中的联系和复杂性，并更深入地理解每名儿童借助于图式进行学习的过程（Louis et al., 2012）。

反　思

- 你是否观察到儿童针对他们的游戏内容做出选择和决定？
- 你是否观察到儿童专注于他们的兴趣并全身心投入？
- 你是否提供了器材，可供儿童跳上、翻越、带球穿过、保持平衡、攀爬以及钻进去和钻出来？
- 你是否为儿童提供了可持续使用的自然材料等资源，并让他们自由地摆弄和搬运？
- 所有教师都了解特定图式背后正在发展的概念，并充满自信吗？

小　结

对于教师而言，关键在于不要阻止儿童的重复行为，而是要重视图式的动态性和象征性表现形式。二者结合，不仅可以让我们了解儿童的外在表现，还让我们洞察儿童的内心想法和对事物的理解。教师需要考虑图式所展现的儿童的思考和发展中的概念。他们必须反思自己的观察，从而真正看到儿童对什么感兴趣、正在酝酿什么想法，以及正在发展什么技能。根据路易斯的说法：

> 尽管基本的图式就像视觉、听觉、触觉和运动能力一样，

只要没有受到损害，就能在世界各地的每个人身上找到，但因为文化背景和个人兴趣的不同，图式表现的方式总会呈现令人着迷的差异，这些差异使得某些图式比其他图式更受重视。（2021，p. 1）

图式是生物发展的一部分，也是社会和文化的一部分。这涉及教师如何提供一门合适的课程，并使该课程既符合儿童图式的生物形态，又能支持他们以多元的方式运用其图式知识。

图式常常被误解为一种本质上无关紧要、琐碎且缺乏严肃目标的游戏形式——孩子们这么做是出于淘气或无聊。相反，教师需要认识到图式是儿童表达自己想法的一种方式，要能够识别儿童正在探索的概念或想法，并找到有效的方式来支持他们。最终，图式将有助于教师思考如何使自己的教育教学契合每名儿童的兴趣和需求。

参考文献

Athey, C. (1990) *Extending Thought in Young Children: A Parent-Teacher Partnership*. London: Paul Chapman Publishing.

Bruce, T. (1996) *Helping Young Children to Play*. London: Hodder & Stoughton.

Bruce, T., Louis, S. and McCall, G. (2015) *Observing Young Children*. London: Sage.

Davies, M. (2003) *Movement and Dance in Early Childhood* (2nd edn). London: Paul Chapman Publishing.

Early Education (2021) *Birth to 5 Matters: Non-statutory Guidance for the Early Years Foundation Stage; Guidance by the sector for the sector*. St Albans: Early Education.

Early Years Foundation Stage (EYFS) (2006) *Consultation Document*. London: DfES.

Evangelou, M., Sylva, K., Kyriacou, M., Wild, M. and Glenny, G. (2009) *Early Years*

Learning and Development Literature Review Research Report Number DCSF-RR176. London: Department for Children, Schools and Families.

Froebel, F. (1886) *Mother's Songs, Games and Stories*. Rendered in English by Lord, F. and Lord, E. London: William Rice.

Gerhardt, L. (1973) *Moving and Knowing: The Young Child Orients Himself in Space*. Englewood Cliffs, NJ: Prentice-Hall.

Louis, S. (2021) 'What are schemas? Aren't they just what all children do?' *That Nursery Life* (TNL).

Louis, S., Beswick, C., Magraw, L. and Hayes, L. (2012) *Understanding Schemas in Young Children: Again! Again!* (Edited by S. Featherstone). London: Featherstone.

Matthews, J. (2002) *Helping Children to Draw and Paint in Early Childhood*. London: Paul Chapman Publishing.

Meade, A. and Cubey, P. (2008) *Thinking Children: Learning about Schemas*. New Zealand Council for Educational Research and Institute for Early Childhood Studies, Wellington College of Education/Victoria University of Wellington.

National Council for Curriculum and Assessment (NCCA) (2009) *Aistear: The Early Childhood Curriculum Framework*. Dublin: National Council for Curriculum and Assessment.

Piaget, J. and Inhelder, B. (1956) *The Child's Conception of Space*. London: Routledge & Kegan Paul.

The Scottish Government (2014) *Building the Ambition: National Practice Guidance on Early Learning and Childcare Children and Young People (Scotland)*. Edinburgh: The Scottish Government.

The Scottish Government (2020) *Realising the Ambition: National Practice Guidance for Early Years in Scotland*. Edinburgh: The Scottish Government.

Shore, R. (1997) *Rethinking the Brain: New Insights into Early Development*. New York: Families and Work Institute.

Trevarthen, C. (1999–2000) 'Musicality and the intrinsic motive pulse: Evidence from human psychobiology and infant communication'. Special issue of *Music Scientiae, Rhythm, Musical Narrative and Origins of Human Communication*.

pp. 156–99.

The Welsh Government (2021) *A Curriculum for Funded Non-Maintained Nursery Settings* (Consultation Document). Cardiff: The Welsh Government.

第六章

观察和识别图式

和（1）班 娜娜（6岁）

威尔士地方政府（2021，p. 54）提醒教师："有些儿童有非常强烈的驱动力去重复做某些动作，比如排列物品、将物品从一个地方移动到另一个地方、装满和清空容器、填埋或扔东西。"

阿西（1990）已经识别出许多不同形式的生物图式，我们接下来将重点关注以下图式：

- 轨迹（trajectory）；
- 十字形和网格（crosses or grids）；
- 斜线（obliques）；
- 围合（enclosure）；
- 填充（infilling）；
- 容纳（containment）；
- 包裹（enveloping）；
- 搬运（transporting）；
- 旋转（rotation）；
- 连接（connecting）；
- 定位（positioning）；
- 拓扑（topological）；
- 定向（orientation）。

教师可以将以上每一种图式看作其图式家族的"首领"，它往往有几个与之相关的图式。威尔士地方政府表示：

> 有些儿童可能只表现出一个非常明显的图式；而另一些儿童可能同时表现出多种图式，这些图式被称为“集群”。图式可能随着时间而发生改变，例如一个孩子先尝试用毯子或围巾包裹自己，然后用织物或染料覆盖不同大小的物品。一旦儿童将新的学习融入现有的图式中，他们就会调整当前的思维以适应这些新的经验。（2021，p. 54）

这意味着，儿童身上的图式会体现在他们与玩具互动的游戏里。正因如此，观察和理解儿童的图式至关重要。

轨　迹

轨迹图式是最广为人知的图式之一。婴幼儿在用眼睛追踪物体、踢腿、推、拉、伸手和缩手时都会表现出这种图式。轨迹图式与探索垂直线或水平线、上下运动或来回运动有关。婴幼儿通常对物体如何在空中移动或飞行感兴趣，而学步儿尤其喜欢从高脚椅上扔东西和攀爬物体。其动态性通常表现为儿童热衷于扔东西、用眼睛追踪物体、攀爬、上下台阶、投掷、跳跃、在空间里移动，以及让球、飞机、火箭、弹弓和飞盘这类东西“飞”起来；其象征性表现为儿童在搭建建筑、做拼贴画、上色和绘画的时候运用垂直或水平的线条。儿童通过这种方式探索“上”和“下”的概念来学习高度，同时发展对空间、速度、距离以及增量序列（如“更高”和“更低”）的理解。

玛莎（18 个月）在爬一棵小树。她尝试了多种用手握住树干的方法，然后开始探索平衡。这使她意识到需要将重心从脚转移到手臂。她小心地调整了手和脚的位置，然后将自己的身体拉上了树干。之后，玛莎用一根木棍和手指在土壤里画出了长短不一的垂直线。

杰克和乔希（都是 4 岁）在堆叠货箱，他们互相鼓励往货箱上放更多的货箱，直到它们倒下来。之后，乔希在沙子里用木棍画了垂直的标记。

里奥（9 个月）在房间里朝不同的方向扔积木。

轨迹图式随着发展会变得更加协调和复杂，比如衍生出冲突轨迹（clashing trajectory）图式。冲突轨迹图式是指两种轨迹相遇。其动态性表现为儿童咬人、掐人、将玩具碰撞在一起，或者将玩具扔向墙壁、家具或地面；其象征性表现为儿童开始画条状物或一系列线条（水平的或垂直的），他们的画作常常包含很多平行线条。

阿曼达（3 岁 4 个月）第一次乘坐地铁。在那之后，她被观察到通过分开和并拢自己的膝盖模仿地铁的车门。她在画作中画了几条平行的线条，有的靠得很近，有的则离得很远。

约翰（3 岁 8 个月）找到了一把剪刀。教师给了他一些纸，让他剪碎。然后，他花了一些时间用订书机将纸装订在一起。

雅各布（4 岁）用镊子捡起石子，然后把玩具汽车一遍又一遍地撞到墙上。

十字形和网格

儿童一旦探索了水平和垂直的轨迹，就会将这两种轨迹结合起来，形成十字形和网格。这有助于儿童更加全面地理解方向，包括上下和左右。其动态性表现为儿童热衷于在他们搭建的建筑、模型和建构游戏中创建对称的矩形网格；其象征性表现为儿童在绘画中探索各种形状和图案。

阿比（5 岁）连续几周都在努力将雪糕棒摆放成各种形状，并将它们贴在纸上。之后，她在黑板上画出了类似的图案。

梅森（4 岁 3 个月）在涂鸦。他将直线和曲线结合起来，并解释说这是蛇梯棋。之后，他被观察到在仔细地研究一本书中的蛇梯棋插图。

哈里（5 岁）用积木构建了一个对称的方形网格。之后，他画了几个对称的矩形网格。

斜　线

斜线图式通常在儿童发展历程的后续阶段显现。儿童会对对角线或锯齿形线条感兴趣，这种兴趣一般先出现在锯齿形线条上，然后出现在对角线上，在此期间，儿童也可能被倾斜的线条吸引。其动态性表现为儿童建造斜坡、坡道、滑梯和屋顶；其象征性表现为儿童的画作中常常出现对角线和锯齿形线条。

丹尼尔（3岁5个月）精心挑选积木和木板来搭建倾斜的道路，并说："这条路太直了，我们需要造一个斜坡。"几天后，他画了一把带有锯齿状刀片和斜手柄的锯子。

乔恩（2岁8个月）一边唱歌，一边开合双手。然后，他绘制了锯齿形线条，并将这些线条称为"牙齿"。

帕特（5岁2个月）用排水管和木板为玩具卡车建造了一个由斜坡和道路构成的复杂的交叉口，并且花了一些时间将它们组装在一起。之后，他反复将一个轮胎推过小路上的水坑，并回望轮胎留下的湿湿的痕迹。

另一种特定的轨迹图式是"轻戳"/"点触"（Dab）。有时，因为反应速度不够快，当儿童有意地戳、顶我们的胸部或者抓我们的脸时，我们会无法及时躲开。有些儿童可能会打、踢或者推倒其他儿童。其动态性与儿童用手指戳、指点、猛击、捏和踢的行为有关，其象征性通常表现为儿童用自己涂画的东西表征一些事物，如眼睛、花朵、纽扣和指尖。这些均表明儿童正在发展对数量的理解。

杰克（2岁）正在听妈妈讲故事。他依偎在妈妈身边，把妈妈的手臂拉向自己，然后开始捏妈妈的手臂，并揉搓她手臂外层的皮肤。每当妈妈把手臂移开，杰克就会哭泣并把它拉回来。之后，杰克在画中有条理地用点绘制图案。这一系列的点构成了某个动作的静态图像。

乔（3岁4个月）在画画时使用了各种标记，包括点、水平线和垂直线。他说他画的那些点是公园里的人。

埃米·罗丝（2 岁 1 个月）站在画架前，把颜料点涂在纸上。之后，她戳了戳一个面团。

围 合

围合图式是一种弯曲的轨迹图式。它通常与包裹图式同时出现。其动态性表现为儿童用积木、垫子和箱子搭建围合的结构。与之相关的图式有填充和容纳。有时，儿童会搭建一些空心的围合结构。其象征性表现为儿童用线条围住或者环绕他们的画作。有时，儿童对边缘排序感兴趣，即他们为物品的边缘创作图案或者将物品放在其他物品的边缘。之后，儿童会在绘画中用圆形表示人的头、身体、眼睛、耳朵、手、脚，以及动物、花朵、太阳、月亮和车轮；用半圆形表示微笑的嘴、眉毛、雨伞，或字母的一部分。在这个过程中，儿童将逐渐理解什么是“边界内”，并对他们围合的事物（如羊、牛或马）进行分组和分类。儿童正是通过这种方式学会了分组和分类。

马特（2 岁）把椅子连推带拉地移动到厨房的水槽旁边。他爬上椅子，踏进水槽里。然后，他爬进一个箱子里，并假装它是一条船。后来，他不断地用积木摆出图案，并且一遍又一遍地搭建相同的围合结构。

乔和埃玛（都是 4 岁）决定在房间的一个角落里用积木搭建一座房子。这个角落原本摆放着一张小桌子和一把椅子。乔把它们当作房子的轮廓，并花了很长时间建了一堵围墙和一个花园，同时埃玛建造了一个门廊和三个独立的卧室。然后，埃玛将一个大纸箱改造成了一个娃娃屋。

穆什图法（2 岁 4 个月）正在玩火车轨道。他将轨道连接在一起，使其成为一条围合式的轨道。他坐在中间，不停地推着火车沿轨道转圈。之后，他画了一幅画，并在这幅画的边缘画了一个边框。

欧几里得围合

欧几里得围合图式出现得较晚，并且与儿童如何协调轨迹图式有关。其动态性表现为儿童对创造和探索锯齿形及带角度的围合空间感兴趣，其象征性表现为儿童画直角、正方形和三角形。

佩佩（4 岁 11 个月）正在用积木搭建一个复杂的围合空间，她在每个角落都搭建了拱门和斜坡。

双胞胎波皮和安妮（3 岁）搭建了一个正方形的围合结构，她们俩在里面假装自己是小狗。然后，她们画了许多有关笼中小狗的画。

哈里（4 岁 3 个月）经常搭建矩形结构，用来停放他的玩具汽车。后来，他画了一幅有关停放汽车的画，这幅画的细节十分丰富。

填　充

填充图式是指儿童以一种有序的方式装满一个围合的空间。儿童在估算他们能在一个空间里放多少东西时，正是在学习关于大小和体积的知识。

伊茜（15 个月）从一个容器中取出物品，然后把它们放回去。

卢克（2 岁 6 个月）在杯子里倒满水，再把水倒出来。然后，他用沙子把杯子装满，再把沙子倒出来。

杰茜（3 岁 4 个月）把各种小物件装进空盒子里。然后，她把一些小物件放进锁眼里，把同样大小的积木放进盒子里。

容　纳

儿童正在探索如何将物品装进容器，由此，他们能够学习有关体积和容量的知识，探索能往容器里放多少东西。

杰克（2 岁 2 个月）正在把东西放进容器里。他收集了各种小物件，比如农场动物模型、积木和玩具汽车，并将它们放进各种类型的容器里。

埃米（3 岁）正在把她从活动室里各处收集的东西放进

一个手提包里。然后，她把积木倒进各种容器里，以填满它们。

莉莉（2岁）一整天都在把各种小物件放进各种各样的盒子里，再从盒子里取出东西，甚至爬进盒子里。在家里，她把东西放进袋子里，还把水桶装满水。在洗澡的时候，她会把一个容器里的水倒进另一个容器里。她和父母玩了一个游戏，她需要猜测用多少杯水才能把水桶装满。

包　裹

包裹图式通常与围合图式一起出现，这意味着儿童会同时表现出多种图式（Bruce，1987）。表现出包裹图式的儿童对完全覆盖物体和自己感兴趣。其动态性表现为儿童包裹物品、把物品放进袋子或口袋里，或者把物品装进盒子或罐子里，再将盖子盖上；又或者用毯子把自己裹起来、钻进某样东西里、与人拥抱。其象征性表现为儿童在图片上涂满颜料和在画作上乱涂乱画。儿童的客体永久性（即事物即使不在眼前，也依旧存在）尚处于发展阶段。那些把一大堆东西打包放进袋子里和抽屉里的儿童，即使一些东西被拿走了，也会表现出出色的记忆力，回忆起被拿走的东西是什么。

卡丽（3岁2个月）正在玩托盘里的湿沙子。她反复地把所有沙子推到一边，堆成一座小沙丘，然后把沙子推平，让其覆盖住托盘。

埃米（3岁8个月）画了一幅小鸟在笼子里睡觉的画。

她在画上乱涂乱画，并告诉妈妈乱涂乱画的部分是盖在鸟笼上的毯子。

索菲（3 岁 11 个月）正在行李箱里藏东西。她用报纸把 4 块积木包了起来，并将其作为礼物送给了她的朋友们。之后，她画了一幅画，并用蓝色颜料涂满了她的画。

包裹图式与“内部”和“外部”的概念相关，儿童会将物品和自己置于封闭空间的内部或外部。其动态性表现为儿童反复地爬进爬出纸箱，或者对将东西放到抽屉里这件事很感兴趣；其象征性表现为儿童在绘画中呈现物品的内外位置关系，例如，一个孩子可能会画一幅自己在房子里、室外下着雨的画。

乔乔（17 个月）正在爬进一辆中型玩具车里，并假装转动方向盘。之后，他来到车外面，假装锁上车门。他一遍又一遍地这样做。

安东（2 岁）正在触摸各种材质（金属的、编织的和木质的）的碗的内部。之后，她在洗衣篮里爬进爬出。

乔希（2 岁）正反复地在一个纸箱里爬进爬出。

搬　运

表现出搬运图式的儿童专注于将物品从一个地方搬运到另一个地方。其动态性表现为儿童使用袋子、婴儿车或玩具卡车，有些儿童还渴望坐在婴儿车、手推车或自行车上，体验被搬运的感觉。就其象征性而言，将物品从一处搬运到另一处可以帮助儿童理解数量的变化。例如，在一次搬一块积木的过程中，他们会理解“增加”的概念。当他们把东西从一个地方搬运到另一个地方时，他们就会理解“减少”“空间”“方向”的概念。

内森（3岁5个月）和阿蒂（3岁7个月）正在户外用手推车运输积木。他们轮流推手推车到花园的另一边，卸下积木之后，再重新将它们堆好。他们一遍又一遍地这样做。

罗斯（18个月）将他的玩具车一辆接一辆地从一处移动到另一处。之后，他画了一幅画，上面有许多水平线，这些水平线代表了他来回移动的动作，表明这些动作已经被他内化。

埃莉（3岁2个月）一开始推着婴儿车里的玩具娃娃来回地转。之后，婴儿车变成了一辆“购物车”，埃莉不停地从房间里拿东西，把它们放进车里。

与搬运图式相关的是堆积（heaping），即儿童把东西聚集在一起，有时是随意堆放，有时是有序摆放。他们也会清空储物柜，把东西到处乱放。

朱尔丝（19个月）收集盒子、杯子、茶碟、毯子、书籍、游戏中的戏服和积木，把它们堆成了一堆。

罗比娜（13个月）把她的玩具从容器里倒出来堆成一堆，但她对把东西放回去不感兴趣。她在房间里走来走去，收集物品，并将它们添加到玩具堆中。

萝宾（12 个月）在室外把桶里的水和沙子倒在了地面上。她用桶装树枝、橡子、石头和树叶，然后把它们倒在门边。后来，她将积木从盒子里倒了出来。

分散摆放（scattering）也与搬运图式相关。儿童将物品倾倒在地板上，使其分散开。其动态性表现为儿童把物品分发给其他人，或者到处乱扔东西。

迪朗（15 个月）花了相当多的时间用簸箕和刷子清扫他故意撒在地板上的沙子。在每次收集大量沙子后，他都会再次散落沙子。在家里，他喜欢喂鱼、向鸽子扔面包，以及在花园里播种。

纳迪娅（2 岁 4 个月）在桌子旁观看一群孩子玩多米诺骨牌。游戏结束后，她把多米诺骨牌从盒子里倒出来散开，然后就走开了。她打开储物柜，把里面的东西全部倒了出来，将东西撒得到处都是。

杰伊（15 个月）在不同的物品间来回走动，并把周围的一切东西都散落在地板上。他还把篮子里的玩具全都散落在地毯上，把桌子上的所有玩具都扫到地上。之后，有人看到他用脚把球踢得到处都是。

旋　转

旋转图式是指儿童对那些能够旋转、扭转和转动的事物感兴趣并受到其刺激。有些儿童会一圈圈地转，直到自己感到头晕；有些儿童则一遍又一遍地转动玩具的轮子。其动态性表现为儿童探索水龙头、轮子、齿轮、圆柱体和其他设备。他们可能会转动自己的手臂和身体，绕圈走路或骑行，或者用绳子拉着玩具一圈又一圈地走。其象征性表现为儿童画圆圈和螺旋形，搭建带有可旋转部件的结构。儿童经常在绘画中使用圆形符号来代表事物，他们知道如何转动自己的身体和旋转玩具。

恩达（4岁9个月）和其他几个孩子正一起坐在桌子旁。他拽下一小块面团，然后用一个圆形的切割器将面团切成小块，并将其放进了一个有六个格子的托盘中。接着，他拿起一块更大的面团，说自己需要这块面团，这样就可以拉伸它，制作更多的东西。

詹姆斯（2岁4个月）正在感受一个木碗的内部。之后，他拿着一把木勺，在碗里一圈圈地搅拌着。

阿莉西娅（2岁9个月）正在用手指沿着一张圆形桌子的边缘滑动。接着，她走到画架旁，在纸上画出圆形。然后，她拿起了一辆玩具车，将其翻倒后，开始转它的轮子。

与旋转图式相关的是半圆形图式（semi-circularity），儿童对创造半圆形十分感兴趣。这个图式使儿童能够练习书写所需要的技能。

其动态性表现为儿童沿着半圆形来回跑动，或者将物品摆放成半圆形；其象征性表现为儿童在绘画中使用半圆形代表身体部位，如眉毛、微笑的嘴、耳朵和闭上的眼睛。他们也可能描绘拱门和彩虹。

阿德尔（4岁）试图为她正在建造的房子造一个拱门。几天后，她连接了吸管，制作了一个有上下起伏曲线的结构。这个结构横跨建造区，还被连到了椅子上。

安东尼娅（4岁11个月）和乔安娜（4岁9个月）正在用弧形部件搭建铁路轨道。安东尼娅后来画了几幅满是半圆形的画，还反复地沿着半圆形路线来回跑动。

肖恩（5岁）反复沿着半圆形路线奔跑，还沿着杯子的边缘画半圆形。之后，他画出了曲线，并使用弧形积木创建了一个围合结构。

旋转图式与中心和放射状（core and radial）标记紧密相关，这些标记经常出现在儿童的绘画或涂色中。表现出这一图式的儿童感兴趣的是从中心延伸出垂直线和水平线。其动态性表现为儿童的身体运动，他们通过垂直运动和水平运动的方式内化并协调轨迹图式及旋转图式；其象征性表现为儿童理解如何使用符号代表现实世界中的真实事物。对于儿童而言，这是一个重要的图式，因为他们需要理解如何使用符号进行阅读和书写。有些儿童会画出带有光芒的太阳、带辐条的轮子、带花瓣的花、有腿的昆虫和有手指的手。为了表征人，他们会画一个中心（圆圈）代表人的头部和身体，然后从中心向外延伸，画出横向的胳膊和纵向的腿。

安娜（3岁7个月）一开始在干沙盘中做标记，然后，她往干沙盘中加水，又做了完全不同的标记——带有对角线的圆形轮廓。接下来，她从花园里收集了一些树叶和树枝，用来制作她妈妈的“画像”。

凯茜（4岁）用积木搭建了一个旋转结构，并由此延伸出了几条放射状线条。她说这是她的“雨伞”。

肖恩（5岁9个月）用纸吸管制作了一个直升机螺旋桨。他试着用胶水和胶带固定“直升机”的底座。

连　接

表现出连接图式的儿童乐于把东西连接、捆绑在一起。他们可能会动手连接玩具轨道，或者用细绳、毛线、橡皮筋、粗绳把一些物品绑在一起或者绑在自己身上，有时还会用更复杂的方法。其动态性表现为儿童玩像拼插积木这样可以相互嵌合的积木，其象征性表现为儿童的绘画作品中常常有相互关联的部分。通过连接图式，儿童学习如何将事物拼接在一起，比如拼接玩具轨道、连接螺母和螺栓，或者使用蘑菇钉、胶带、细绳或胶水固定和连接不同的材料。

保罗（4岁8个月）正在木工台前用轻木制作一棵“树”。每次他给“树”接上新“树枝”，“树”都会倒下。他在探究这棵“树”倒下之前，“树枝”在其对应的方向上能延伸多长。

凯蒂（3岁）正在连接磁性玩具火车。之后，她把纽扣和珠子串在一起，还画了一幅画，画中的点和线相互连接。

乔伊（3岁8个月）正在用红色、黄色和绿色的珠子按照一、二、三的模式制作一条项链和一只手镯。之后，她还把绳子从角色扮演区的一边拉到了另一边。

与连接图式相关的是拆分（disconnecting）图式，这一图式是指儿童热衷于以可逆或不可逆的方式拆分物体。他们可能会推倒他人搭建的“塔”，或者拆开“火车”。

奈尔（3岁1个月）拆分了12节玩具火车的车厢，然后把它们并排摆放。

卡米（11个月）反复推倒其他孩子搭建的沙堡，然后试图分离玩具拖车与玩具卡车。

露西（3岁5个月）把一块黏土扯成了小块，然后把它们压在一起。之后，她在户外将一片树叶撕成了小块。

定 位

表现出定位图式的儿童会把物品或者自己放在一个特别的位置，如物体的顶部、底部、前面、后面、边缘、相邻位置或其上其下。其动态性表现为儿童将玩具汽车、玩具卡车、动物模型和洋娃娃排成一行，而另一些儿童可能会让玩具汽车和玩具火车在桥上及桥下移动；其象征性表现为儿童绘画一些有序排列的线条或点。

佩里（3 岁 7 个月）把他的所有玩具汽车都排列摆放在厨房门前，说是堵车了。他画了一幅画，画中有一座房子，房子的前面有两条长长的水平线，佩里说那是“主干道”。

黑莉（4 岁 4 个月）正在摆放农场动物模型，她让“羊羔”紧挨着“母羊”、“小牛”紧挨着“母牛”。之后，她调整了动物模型的方向，将其排成一行。

莉比（4 岁 2 个月）在一排绿色的蘑菇钉前面放了一排蓝色的蘑菇钉，形成了一种蓝绿相间的图案。之后，她把铅笔排成一行，并按颜色对其进行分类。

定位图式与排序（ordering）有关，表现出这一图式的儿童对按照颜色、形状、大小、图案和数字排列物品感兴趣。其动态性表现为儿童根据大小或颜色对纽扣进行分类，当然，物品的顺序也很重要；其象征性表现为儿童通过按顺序绘制物品，对它们进行系统的分类。他们正在学习如何根据某些特征（如宽度、高度和长度）有序地排列物品。

萝伯塔（5 岁）正在玩农场动物模型。她按照从大到小的顺序排列动物模型。之后，她画了几幅她家人的画，画中她的爸爸个子最高，她的弟弟个子最矮。

贾尼（4 岁 8 个月）对积木进行了分类和分组，并按照形状和大小把它们放在了架子上。

丹尼尔（3 岁 3 个月）按照从大到小的顺序将彩色铅笔和蜡笔排成一排，他的画作中有许多整齐的线条。

“一一对应（one to one correspondence）”是一个重要且基础的数学概念。例如，一名正在游戏的儿童可能会在野餐的时候给每个玩具娃娃递上一个杯子。这是儿童尝试匹配物品，使玩具娃娃和杯子的数量保持一致的表现。如果没有对这一概念的理解，计数就会变得毫无意义。

亚当（4 岁 6 个月）认真地用笔描画他手指的轮廓。他很高兴地发现，每次数出来的手指数都是“5”。

珍妮弗（5 岁）在家里布置餐桌，她一边摆放东西，一边唱道：“给妈妈一个盘子，给爸爸一个盘子，给薇薇安一个盘子，给我自己一个盘子。”

萨拉（4 岁 1 个月）正在把用黏土制成的“蛋”放入蛋盒中。

拓　扑

表现出拓扑图式的儿童对空间和秩序感兴趣，例如线条的直线性、角度，以及位置关系，如里面、外面、下面、上面、后面或旁边。这涉及儿童对点位顺序、间隔和曲线的理解，还取决于其对测量的理解。正因如此，有时，拓扑图式也被称为“定向图式”。

杰克逊（4 岁 4 个月）正在用积木搭建一座复杂的“桥”。他让玩具汽车在“桥上”开过，并让玩具船在“桥”

下航行。

约翰（2 岁 3 个月）正在一只碗里滚球。他把碗倒扣过来，把球放在碗底上面。之后，他把一块小白板盖在空碗上，把手放在空碗的下面，说道：“火车将从下面通过。”他把小白板垂直地立在碗的外侧，让球从小白板后面滚落，然后笑着问：“它们去哪儿了？”他还花了一些时间用小白板在碗的边缘寻找不同的支点。之后，他用一支铅笔穿过文件夹纸的顶孔，注意纸倾斜的角度，说自己做了一台“起重机”；把碗放在头上，说这是一顶“帽子”，也是一把“雨伞”；把碗放在自己前面，说这是一个“方向盘”；让碗沿着边缘滚动（假装它是轮子）；还把所有的球都放进了碗里，在中间插了两支笔，说这是“生日蛋糕”，然后给自己唱了生日歌！（Louis，2022，p. 14）

康拉德（4 岁 9 个月）正在玩滑轮，他用绳子把装满干沙的桶拉上来，并反复地上下拉动绳子，似乎对滑轮本身的连接方式很感兴趣。在往沙子里加水后，他说道：“这个桶太重了，很难拉到顶部。”

定　向

定向图式与皮亚杰关于空间、感官及运动发展的理论有关。表现出定向图式的儿童喜欢从许多不同的角度看东西，婴幼儿可能会对自己移动身体和被抱的方式表现出偏好。其动态性表现为儿童倒挂身体，或以头朝下的姿势滑下滑梯；其象征性表现为儿童在画中树或墙的前面画一座房子，或者在其他物体的前面或后面画人和物。

比莉（9个月）反复爬上桌子。之后，她爬上了不同大小的箱子。在户外，她坐在滑梯的顶端。

塞缪尔（4岁3个月）和他的弟弟在玩跷跷板，他说："我在空中能看到树的顶端，而你只能看到地面。"在他的画作中，他坐得高高的，正在触摸树，而他的弟弟正在触摸地面。

儿童还可以通过穿越边界（而不是从边界下方或周围绕过）来发展自己的空间意识。

夏洛特（2岁9个月）正在反复把她的飞盘从金属栏杆中间推过去。之后，她骑着踏板车穿过水坑，留下笔直和弯曲的轨迹，最后从她妈妈张开的双腿之间穿过。

内森（4岁11个月）正在玩蘑菇钉和钉板。他从第一行开始按入绿色的蘑菇钉，然后将剩余的蘑菇钉随意地按进其余几行。几周后，内森从外部边界处开始填满钉板。

反 思

- 你是否为儿童提供了可持续使用的自然材料等资源，并让他们自由地摆弄和搬运？
- 你是否乐于参与并观察图式游戏？
- 你是否了解特定图式背后正在发展的概念，并充满信心？

小　结

对于教师而言，重要的是要意识到儿童身上正在发生哪些学习，识别出儿童正在努力发展哪些概念，并给予支持。

参考文献

Athey, C. (1990) *Extending Thought in Young Children: A Parent-Teacher Partnership*. London: Paul Chapman Publishing.

Bruce, T. (1987) *Early Childhood Education.* London: Hodder & Stoughton.

Louis, S. (2022) 'A Froebelian Approach. Observing Young Children'. London: Froebel Trust.

The Welsh Government (2021) *A Curriculum for Funded Non-Maintained Nursery Settings* (Consultation Document). Cardiff: The Welsh Government.

第七章

解读儿童的学习

爱（1）班　妮妮（5岁）

本章将探讨在实践中通过观察解读儿童的学习究竟意味着什么。解读和评估相互关联，而且同为观察循环流程的重要组成部分。教师对儿童学习的解读之所以重要，是因为：第一，教师必须知道在观察儿童的声音和行为时应该关注什么，并解读他们正在学习和思考的内容；第二，解读会影响我们认识和理解儿童的方式，进而影响我们为他们提供适当的支持和机会；第三，解读就像一个过滤器，通过它，我们能够更有针对性地开展教育教学、参与儿童的活动，并与他们互动。

教师必须清楚自己会在观察过程中带入什么，这是至关重要的。尽管观察应基于事实，但我们的解读并非如此。解读并非中立的或无价值倾向的，它受到我们的生活经历、价值观、信仰、文化和专业知识的影响。这些都是我们在观察儿童时必须意识到的重要因素，因为它们影响着我们关注和回应儿童的方式。

生活经历

我们的生活经历深刻地塑造了我们作为教师的身份。家庭、父母、兄弟姐妹、祖父母、外祖父母、朋友、教育背景和媒体，以及我们如何看待人和事物等，决定了我们成为什么样的人，也在我们对儿童的行为做出判断时起到过滤器的作用。

例如，一个 4 岁的黑人女孩曾向教师倾诉，她找不到哪本书里有像她一样的孩子。教师安慰道：“别担心，亲爱的，看看这本书。”

随后，教师递给了女孩一本讲述白人孩子与狗之间的故事的书。这位教师在不经意间向女孩传递了这样的信息：她的存在不重要。这种情况如果反复出现，就会对女孩正在形成的身份认同感产生严重的负面影响。令人不安的是，在第一学期结束的时候，这个女孩开始把自己画成一个白人孩子。我们需要认识到案例中教师的态度如何影响了黑人女孩的价值感，以及这可能会对其正在发展的身份认同感和自尊心产生怎样的影响。如果案例中的主人公是一个白人女孩，那么情况会更严重吗？如果是，为什么呢？所有儿童都需要看到自己的形象被呈现出来，这样他们才能看到与自己和家人相似的人。当教师有意识或无意识地区别对待儿童时，他们不仅会给儿童带来情感和智力上的伤害，还可能会阻止儿童实现他们的目标，而这反过来又会妨碍他们接触广泛而丰富的课程。

信　念

我们往往会对自己所教的儿童及其家庭持有一定的看法，即使我们并未意识到这一点，但我们的信念和价值观仍影响着我们对他们的态度、期待及假设。我们的信念不仅体现在观察中，还体现在我们的解读中，因为它们直接影响着我们如何看待儿童、如何为儿童提供支持、如何与儿童互动和沟通，以及我们对他们有着怎样的期望。每个人都会带有一定程度的偏见，而且倾向于应对熟悉的事物或与熟人相处，这会让我们感到更放松。而我们无意识的偏见通常针对不熟悉的人或事物（想要了解不同类型的无意识的偏见，请参见本书第二章）。总而言之，我们必须认识到对儿童的观察和解读深受个人生活经历与信念的影响。

例如，如果一位教师认为黑人男孩过于活跃、吵闹且粗鲁，就不会为他们提供到户外活动的机会，让他们的身体、认知和社会性得到发展，反而可能会坚持要求黑人男孩通过室内由教师主导的活动来培养专注力。很明显，这种给黑人男孩贴标签的方式将不可避免地剥夺他接触丰富的课程的机会。教师应该意识到，无意识的偏见可能导致自己错误地解读儿童的行为，从而不遵循儿童的兴趣或者为他们制订不适宜的计划，进而影响他们的学习、发展和进步。除非我们花时间反思自己的信念，否则我们将无法确定自己对儿童个体或群体所抱有的信念会以何种方式对教育实践产生影响。

专业知识和技能

“学前教育有效供给（The Effective Provision of Pre-School Education，EPPE）”（Sylva et al.，2004）项目指出，影响学前教育质量的两个关键因素是教师的资质水平以及教师与儿童互动、回应儿童并参与儿童活动的敏感性。《纳特布朗报告》[①]（Nutbrown Review，2012）指出，为了有效支持儿童的发展，教育者需要具备谨慎观察的技能。

显而易见，教师深入了解儿童如何通过游戏进行学习与发展至关重要。如果教师不知道或不理解儿童是如何学习与发展的，那么他们将无法充分地支持儿童。教师也需要了解各种观察方法的目的，以及使用它们的时间和方式。教师还应该反思如何将他们有关儿童发展的知识，以及观察、评估和计划的技能转化为实践。

例如，某位教师观察到一个孩子在小组活动的时候很难加入同

① 《纳特布朗报告》是英国政府对早期教育及保育资质的独立评估报告。——译者注

伴的游戏。他在教学计划研讨会上向其他教师分享了这个观察，并认真地倾听不同的观点。这位教师随后利用这些信息，通过示范游戏为这个孩子提供支持，并思考如何最好地帮助其发展独立性。

在教师能够支持和拓展儿童的学习之前，他们必须学会如何客观地理解自己的观察结果。这一过程被称为“解读”，即分析自己在某段时间内收集到的观察信息，它涉及深入思考儿童学习的复杂性和关联性、反思他们已掌握的技能。教师需要认真思考儿童行为背后的含义。只有这样，他们才有可能为参加活动的儿童规划一个符合其发展水平的学习环境。此外，教师所做的观察应关注儿童能够独立完成的事情，这样他们就能知道儿童所胜任的发展与学习领域。教师还需要思考如何满足儿童的学习和整体发展的需求，至关重要的是，要意识到儿童可能需要更多支持的发展领域。

所有教师都应该反思自己有意识和无意识的偏见，不要根据儿童的种族为其及其家庭贴上标签。反思自己的偏见，能够帮助教师对自己的行为负责，并进一步改进自己的专业实践。当教师解读自己对儿童的学习所做的观察时，他们会运用自己的知识储备和个人生活经验，这些因素将影响并塑造他们的解读。这就是为什么观察应尽可能基于观察者实际看到或听到的内容，并以客观的方式呈现观察结果。这意味着教师应该收集有关儿童学习与发展的事实性观察结果，并尽可能多地提供具体的描述。如果收集到的信息是基于个人信念的，那么它就是主观的，是基于猜测而非事实的（Louis & Betteridge，2020）。观察的最终目的是捕捉儿童的真实发展情况、兴趣、观点、感受、想法和互动。为了更好地整合有关儿童学习、兴趣和发展方面的信息，教师可以尝试从同事的角度思考。当你与同事分享或者讨论你的观察时，他们的观点是与你的一致，还是提供了另一种视角？这种多元视角的交流对于观察者而言是最有帮助的，因为它能够帮助教师更深入地理解儿童及其学习（Louis，2020）。

以下理论家的研究对于我们学习如何全面地观察儿童非常重要，有助于我们有效解读儿童的游戏，规划出有意义的方法来支持他们的发展。建议教师学习福禄贝尔的思想，他认为游戏优于其他人类发展形式，并强调关注儿童的整体发展，以及在自然情景中观察儿童；教师还应了解列夫·维果茨基（Lev Vygotsky，1978）提出的“最近发展区（Zone of Proximal Development，ZPD）”理论、苏珊·艾萨克斯（1930）所指出的“细致观察使观察者能够设身处地理解儿童”的观点。此外，教师还可以了解让·皮亚杰（1969）在其孩子身上所使用的方法；以及阿西（1990）的研究，她关注认知、图式、儿童的兴趣和他们自由选择做的事情。这些理论家向我们展示了在观察中可能需要注意的细节，以及在他们看来需要重视的行为的缺失。

观察也是教师与家长交流儿童的思维和学习情况的一种手段。通常，家长只了解正式课程的目标，并将其视作教师评判儿童学习的依据。分享观察结果是一种通俗易懂的分享专业知识的方式，有助于家长了解教师是如何定义“学习”的。教师需要与儿童建立关系，帮助儿童在新旧知识之间建立联系。帮助儿童看到学习中的联系，是教师的重要职责。系统地观察儿童将有助于教师更好地了解儿童及其家庭，确保他们拥有有意义的学习体验。

教师对儿童的观察是持续的，有时几乎是下意识进行的。对于整个过程而言，解读、使用和分享观察结果是重要的组成部分。教师需要解读儿童在以下方面的发展：

- 身体——大肌肉运动技能、小肌肉运动技能、协调性，以及对空间的利用；
- 智力——解决问题的能力、想象力、创造力、注意力和记忆力；

- 语言——说话、倾听、肢体语言（口头的和非口头的）、绘画、阅读、书写、戏剧表演、故事创作、表征自己的想法和符号运用，以及社交技能，还包括表达与沟通自己的思想和观点；
- 情绪——情绪的控制和表达、同理心、同情心、快乐、悲伤、愤怒，以及做出选择和决策；
- 游戏——独自游戏、与他人平行游戏、联合游戏、合作游戏，以及参与象征性游戏、创造性游戏、模仿游戏和规则游戏；
- 行为——自我控制、自我约束、冒险；
- 精神——敬畏感与好奇心；
- 道德——对规则的理解和对自己行为的思考，知道对错，并会对自己的行为后果承担责任；
- 文化——语言、价值观、传统和信念。

解读观察结果

当教师进行观察时，他们捕捉的是儿童当下的状态，如果观察的内容存在一定的联系或者表现出某种模式，他们将更能对这些观察进行思考。教师也应该思考自己所观察的内容，并由此确定儿童的优势和兴趣。解读是我们对观察内容的个人想法，也是我们对观察结果的理解。我们将通过解读所观察到的儿童的行为和语言，捕捉他们的独特性。

教师可能会观察到儿童发展中与自己有关的方面，也可能思考儿童的行为是如何影响其发展的，或者儿童的探索是否有文化层面的含义。重要的是要记住，儿童会以不同的方式发展他们的知识、技能和理解能力。这一点尤为重要，因为它将提供额外的信息来帮助教师解读和理解儿童的行为。所有的观察都应旨在使儿童的内在思维变得可见。

观察 1

泰勒（4 岁 3 个月）和阿瑟（4 岁 5 个月）正在讨论如何为一个玩具熊建造一座“房子”，将“车库”建在哪里以便停放“汽车”，以及将“房间”设在哪里。他们一起工作并协商，努力确保能为玩具熊建造一座完美的房子。

观察 2

凯蒂和阿娃（都是 4 岁）在角色扮演区为一个“小婴儿”做饭。凯蒂对阿娃说：“这口锅里的东西烧煳了。”阿娃没有回答，因为她正忙着用另一口“锅”翻炒。之后，凯蒂的“饭”做好了，于是她告诉教师她已经为“小婴儿”准备好了食物。

解读：“观察 1”形象地描述了男孩们正在做的事情，但我们无法了解他们在思考、探索和学习什么，也无从知道他们独特的游戏方式，以及这些行为背后的意义。如果我们不知道孩子们在想什么，又如何充分地支持他们呢？

“观察 2”展示了凯蒂和阿娃有关准备饭菜的经验及知识。阿娃参与了整个过程，同时凯蒂假装食物已经准备好，可以吃了，这有助于她将游戏发展成一个故事。相较于“观察 1”，“观察 2”的描述更佳，因为它记录了儿童的声音和行为。我们记录观察结果的方式将影响我们对儿童行为的预期，以及我们对儿童行为和言语的解读。记录观察结果会使我们的解读进入新的层次，这是教师需要意识到的。观察指向我们所看到的事物，而解读是指我们对所观察的事物的看法。从这个意义上说，观察记录如果是以事实为依据撰写的，那么比起解读，人们更容易就观察记录达成共识。

例如：

- 萨拉（3岁1个月）在做完一条项链后笑了。
- 萨拉做完项链后很开心。
- 萨拉很开心，因为她不用再做一条项链。
- 萨拉做完项链后顽皮地笑了。

以上带有下划线的部分并非事实性描述。

在记录观察结果时，要坚持记录儿童的行为事实，不要有判断或假设。与此同时，我们有必要捕捉每名儿童的特质。这意味着要记录他们的声音、他们所说的话、他们表达情感和想法的方式，以及他们描述、分组和归类事物的方式。

观察必须是对所见所闻的描述，这样我们才能基于这些描述做出可靠的评估。随后，我们可以将解读的重点放在儿童的学习方式、学习内容以及兴趣上。记录观察结果有助于我们厘清思路，理解所观察到的内容的意义，但这需要时间和练习。解读对儿童学习方式的观察结果，需要我们基于对儿童的认知，深入思考他们正在做的事情，这意味着我们要思考儿童是如何通过游戏来表达他们的理解的。

观察 3

妮基（2 岁 3 个月）反复地用手抓起干沙子，然后看着干沙子从她的指缝流下去。她用手把干沙子从托盘里移到桌子上，一直看着干沙子从指缝流下去。接着，她拍了拍桌子上的干沙子。

解读： 妮基正在努力理解她所接触的材料。她让干沙子从流动的状态转变为固定的状态，并试图通过感官去理解它。

解读儿童的兴趣需要教师将注意力集中在儿童的行为和言语上，并反思其背后可能的原因。换句话说，是什么在激励和吸引着儿童？要考虑儿童的兴趣、他们自主选择做的事情、他们的思维方式、他们谈论的内容和他们的情绪反应，以及他们能够完成的身体动作。

观察 4

安娜（3 岁 7 个月）和埃拉（3 岁 4 个月）决定互相讲故事。安娜的故事和一个没有妈妈的小女孩有关，这个小女孩必须自己做所有的事情，包括遛狗和聆听沿途的各种声音。她问埃拉是什么发出的声音。埃拉复述了教师完整读过的一个故事，并对其进行改编，让自己成为故事的主角。

解读： 安娜的故事改编自珍妮特·阿尔伯格（Janet Ahlberg）和艾伦·阿尔伯格（Allan Ahlberg）创作的故事《找妈妈》（*Bye Bye Baby*）。她在故事中运用了自己遛狗的直接经验，以帮助自己理解所听到的声音，以及这些声音的来源。埃拉复述了教师读过的故事并对其进行改编，表现出对故事内容和角色的理解。这是她非常熟悉的一个故事。

解读儿童所学到的内容，需要教师理解，儿童在参与各类活动的过程中，是通过游戏和互动吸收知识的。这些活动可能包括儿童倾听、观察、模仿、假装及与他人和材料的日常互动和交谈，以及通过试错和实验进行学习。教师需要运用他们有关儿童发展的知识，确定儿童所学到的内容。

观察 5

罗茜（3 岁 3 个月）正在独自玩一些叠叠杯。她试图把大杯子放进小杯子里，但放不进去。于是，她又尝试把小杯子放进大杯子里。经过反复尝试和探索不同的排列顺序，罗茜终于明白如何把小杯子放进大杯子里。

解读：“观察 5”表明罗茜能在集中注意力解决手头的问题的同时，学习有关大小的概念。

在完成观察之后，我们就可以做出适当的回应，为儿童计划有意义的活动，这些活动能够吸引他们并让他们参与其中。教师对所观察到的内容的解读是“观察—评估—计划”循环的核心，因为这能帮助我们了解儿童的发展情况以及他们的需求。这要求我们解读儿童的发展需求、表达方式和兴趣，并反思他们的行为和语言。

1930 年，苏珊·艾萨克斯通过对儿童进行密切且细致的观察，了解到许多有关儿童的知识，从而建构出一个旨在分析和解读儿童自主游戏及活动的框架。艾萨克斯将这个框架命名为“发现、推理与思考：记录”。该框架包含四大维度——知识的应用（application of knowledge）、知识的增长（increase of knowledge）（问题与实验、观察与发现）、知识的社会交流（social interchange of knowledge），以及其他。这一框架可以帮助教师了解和识别儿童在游戏中运用推理、思考和发现的能力。以下例子将详细阐释以上四个维度的知识类型。

知识的应用

知识的应用涉及儿童在不同的情境和解决问题的尝试中应用知识的能力。苏珊·艾萨克斯将这一概念进一步细分如下。

1. 规范的理论性应用

> 萨拉（3 岁 7 个月）最近参加了一个在高层建筑里举办的生日聚会。之后，她在看一本有关高楼大厦的画册时说："当你在楼顶的时候，每个人看起来都很小，而当你回到一层的时候，每个人又恢复了正常的大小。"

解读：萨拉将她看到高楼图片的感官体验与她之前在高层建筑里获得的知识相结合。她知道，建筑物的高度会影响我们对人身高的视觉感知。在解读儿童的学习时，教师需要关注儿童运用已有知识的方式。这与布鲁斯的学习网络理论相关联。

2. 想象的假设性应用

> 迈克尔（4 岁 8 个月）请求爸爸带他去公园。爸爸说他得去做饭。迈克尔说："要是我们现在吃点零食，然后去公园呢？你可以等我们回来以后再做饭。"

解读： 迈克尔正在积极探索他所处情境中不同方面的可能性及其后果。他展现出富有想象力的思维能力，能够构想出一种替代现实，并思考各种可能性。

3. 假装的戏剧化知识

乔希（3 岁 11 个月）用农场动物模型玩起了“三只小猪”游戏。他假装成一名警察，将闯入“房子”的“狼”逮捕关起来。

解读： 这个假装游戏的例子表明，乔希非常熟悉故事《三只小猪》，以至于他能够将其戏剧化地变为自己的故事。同样，我们可以在这里联系布鲁斯所提出的游戏的 12 个特征，特别是其对于假装游戏的介绍。

4. 比较与类比

尼基（4 岁 3 个月）正在观察一群孩子搭建和推倒积木塔。他说：“他们看起来像人型推土机。”

解读： 尼基将推土机的功能与孩子们推倒积木的行为进行了比较。他正在观察事物如何既相同又不同。

5. 实践的视角与资源

根据艾萨克斯的观点，儿童也可能以一种实践的，而非理论化或戏剧化的方式运用他们的知识。

迪伦和西奥的球滚到了栅栏的另一边，他们够不到球。迪伦正在和西奥讨论该如何把球拿回来。西奥找了一根木棍试图够球，但木棍不够长。迪伦握着一把尺子，将胳膊伸到栅栏下，尝试用尺子去够球，但还是够不到。两个男孩都试图用工具把球拨得距离他们更近一些。

解读：西奥很快就发现他的木棍不够长。后来，他用一根更长的木棍伸到栅栏下面，把球拨得更近了。两个男孩都在努力寻找解决当前问题的方法。

知识的增长：问题与实验、观察与发现

艾蒂安看到水槽里有一根漂浮的木棍，就玩了一会儿。他把鹅卵石和冷杉球果放在水里，看看它们是浮起来还是沉下去。在做完实验后，艾蒂安说："所有轻的东西都浮起来了。"

解读：艾蒂安的评论表明他已经获得了知识。这一观察使教师能够看到艾蒂安如何通过实验来建构知识。

亚历克斯（4 岁 5 个月）正在看着奥利（4 岁 3 个月）把面粉倒到秤上。她说："有面粉的这一边往下沉时，秤的那一边就往上翘。这就像跷跷板一样。我这边翘起来，你那边就被压下去。"奥利回答说："我这边下去的时候，你那边就翘起来了。"

解读：在这个例子中，我们看到女孩们在使用秤的新情境中进行实验、观察和发现。她们能够将这一新情境与之前玩跷跷板的经历联系起来。

知识的社会交流

米洛（5 岁 8 个月）正在和奶奶聊天。奶奶说："哦，米洛，你长高了很多。"米洛说："我的身高是妈妈的一半。"奶奶说："哦，我觉得你甚至比她的一半还要高呢。"随后，米洛和妈妈比身高。"我到这里了，奶奶，"他说着，同时把手举到超过妈妈身高一半的位置，"如果我站在椅子上，我就和妈妈一样高了。"

解读：米洛在谈论自己家庭成员身高的同时，也在学习"高度"的概念。他将自己的身高与妈妈的身高进行比较，表现出了对"一半"的理解。

其中，特别值得关注的是儿童通过问答和讨论实现的交流。

1. 因果关系等逻辑性问题与推理

弗雷迪（3 岁）问妈妈为什么他必须去幼儿园。妈妈告诉他："因为我必须去上班。"他又问妈妈"为什么？"。妈妈回答说："这样我才能赚些钱。"他再次追问："为什么？"

解读：这一系列问题对于弗雷迪的学习而言非常重要。他充满好奇且饶有兴趣地反复追问"为什么？"能够帮助他收集到更多自己感兴趣的信息。

一位教师问娜丁（4岁5个月）是否愿意帮忙给植物浇水。娜丁问："为什么？"教师反问道："你觉得呢？"娜丁说："因为植物如果得不到水就会死，就像我也会死一样。"

解读：这表明娜丁理解了她需要照顾生物。教师通过提问引导娜丁进行思考。

2. 讨论：纠正与自我纠正

迈克尔（4岁3个月）正和一位教师在水槽边。他说："船会浮起来，但如果船里有水，它就不会浮起来。"教师问："为什么船里有水，它就不会浮起来呢？"迈克尔回答："因为水很重。"教师又问："很重的水会让船怎么样？"迈克尔说："它会让船沉下去。"

解读：迈克尔通过玩船理解了水会让船沉下去。

奥利弗（4岁5个月）把一个细高的盒子粘在牛奶盒上。他试图以细高的盒子为底座，使牛奶盒保持平衡，但这个模型倒了。他把模型翻过来以牛奶盒作底，看看是否能行，结果模型稳住了。然后，他选了一个大得多的盒子，并把他的模型粘在这个大盒子的上面。他尝试让它立起来，结果确实没有倒。

解读：在这个例子中，我们可以看到奥利弗在努力思考如何让他的模型保持稳定。奥利弗认识到了问题所在，并且正在思考可能的解决方案。

其他

以下观察案例中的行为，由于无法归入上述类别，所以被归入“其他”项中。

弗雷泽（4 岁 3 个月）说：“我爬得那么高，都快到天上了。”

内尔希亚（4 岁 7 个月）说：“我昨天吃了那么多鸡翅，现在我都能飞上高高的天空了。”

艾萨克斯提供的这个实用的框架能够帮助教师洞察儿童运用知识的多种方式。虽然许多观察结果可能存在重叠的部分，但该框架清晰地呈现了儿童的思考和学习。教师可以借助它更好地解读儿童的兴趣、优势和有意义学习。

用维果茨基的最近发展区理论解读儿童的学习

列夫·维果茨基（1978）对成人和环境如何影响并塑造儿童的学习与发展非常感兴趣。维果茨基（1978，p. 86）将“最近发展区”定义为“儿童独立解决问题的实际发展水平与在成人的指导下或与更有能力的同伴合作解决问题时所呈现出的潜在发展水平之间的差距”。换言之，最近发展区是指儿童在独立活动时的发展水平与在他人的指导下所能达到的发展水平之间的区域。

在解读儿童的学习时，教师的角色至关重要。教师必须理解儿童的实际发展水平，并掌握他们的个体特征，不仅要能评估和解读儿童的发展，还必须能够与儿童合作，支持他们进入并超越最近发展区。维果茨基的最近发展区理论不仅有助于我们解读自己与儿童的互动，还可以指导我们如何帮助儿童学习以促进他们的发展。

海伦娜（4 岁 3 个月）正在水槽边玩，她小心翼翼地往几个高瓶子里装水。教师问海伦娜是否能把瓶子里所有的水倒入一个较矮的水壶中。海伦娜看了看高瓶子，又看了看较矮的水壶，说："当然可以。"海伦娜将水倒入水壶里。教师问她瓶子里是否还有水，海伦娜回答说："有，还有很多。""水壶里的水满了吗？"教师接着问。"满了。"海伦娜回答。然后，教师让海伦娜把所有的水倒入另一个更矮但更粗的容器中。海伦娜倒空了瓶子，但容器并没有满。海伦娜感到困惑，因为瓶子看起来比容器大，但所有的水都已经被倒进容器里了。

用最近发展区理论解读上述观察，可以看出海伦娜的实际发展水平——她的已有经验，即她坚信高瓶子比矮水壶能装更多的水。海伦娜的最近发展区来源于教师知道她独自理解"水量保持不变"这一概念存在困难，当水被倒入不同大小的容器中时，水量看起来似乎发生了变化。

如果教师能够使自己的教学适应儿童的最近发展区，他们就更有可能有效地解读和促进儿童的学习与理解。

反 思

教师需要做到以下几点。

- 定期对观察结果进行解读和反思，这将有助于你更好地为儿童规划下一步的学习。
- 利用观察结果促进和指导儿童的学习与发展。
- 认识到需要教儿童一些技能，但始终要从儿童的已有经验和能力着手。
- 始终观察儿童，并回应他们的兴趣。
- 认识到解读可以为制订计划提供依据。

小 结

解读观察结果能够帮助教师将自己对儿童行为的描述与其认为儿童正在做的事情联系起来。我们如果希望有效地支持儿童的发展，就要花时间反思我们对儿童学习的看法，这一点至关重要。教师解读观察结果的能力对于支持儿童已经发生的有意义学习是不可或缺的。苏珊·艾萨克斯为我们提供了一个极具价值的分析框架，可以帮助我们实现这一目标。总而言之，教师需要养成一种习惯：质疑自己对儿童行为的解读，同时梳理出有意义学习。

在下一章，我们将探讨对观察内容进行反思的益处，以及教师如何利用收集到的信息。

参 考 文 献

Athey, C. (1990) *Extending Thoughts in Young Children: A Parent-Teacher Partnership*. London: Sage.

Froebel, F. (1887) *The Education of Man*. New York: Appleton.

Isaacs, S. (1930) *Intellectual Growth in Young Children*. London: Routledge and Sons.

Louis, S. (2020) *How to Use Work Group Supervision to Improve Early Years Practice*. London: Routledge.

Louis, S. and Betteridge, H. (2020) *Unconscious Bias in the Observation, Assessment and Planning Process*. Foundation Stage Forum.

The Nutbrown Review (2012) *Foundations for Quality. The Independent Review of Early Education and Childcare Qualifications*. London: Department for Education.

Piaget, J. (1962) *Play, Dreams and Imitation in Childhood.* New York: W.W. Norton.

Sylva, K., Melhuish, E., Sammons, P., Siraj-Blatchford, I. and Taggart, B. (2004) *The Effective Provision of Pre-School Education [EPPE] Project: Final Report*. London: Sure Start DfES Publications.

Vygotsky, L.S. (1978) *Mind in Society: The Development of Higher Psychological Processes*. Cambridge, MA: Harvard University Press.

第八章

反思观察与课程的联结

爱（3）班　梓航（5岁）

本章将批判性地审视专业反思（特别是反思性教学）的过程及其影响；探讨反思观察结果的益处，以及教师如何利用收集到的信息。本章将与儿童发展和学习方面的计划及后续步骤保持一致，并将观察结果与相关课程联系起来，重点使用观察结果来支持、拓展和改进儿童的学习。在本章中，有关计划的讨论贯穿始终，以促使教师进行反思。同时，本章也将讨论根据观察结果来支持儿童和规划学习环境的重要性。这将有助于教师将必要的支持策略付诸实践，以拓展儿童的经验。此外，本章还将讨论为儿童创设学习环境的重要性。

什么是反思性实践？

反思是一种主动的实践过程，是指个体通过审视自己的观察行为和决策过程来深入探究并从中学习。在这一点上，它要求我们重新审视自己的观察、互动和解读，以挖掘更深层次的意义。教师花时间思考他们所观察到的儿童行为（无论是承担责任，还是应对变化），可以帮助他们更全面地洞察儿童的整体学习情况。这种反思方式有助于教师在支持或拓展儿童学习方面做出有效的决策。在许多方面，反思过程可以促使教师诚实地审视自己与儿童的互动、对儿童做出的反应，以及自己的所见所闻、想法和记录的信息。

波拉德等人（Pollard et al.，2008，p. 14）试图通过整合反思性教学的七种特征，将反思的方法和过程结合起来，他们指出：“反思性教学意味着对目标、结果、手段和技术效率的积极关注。”他们提出的第一个特征强调了反思性教与学的某些特质、这些特质为何相关，以及它们为何应成为反思性教学的基础。然而，他们在描述中所使用的语言常常表意不足或不够精确，容易产生个体化解读。

迪莫克和哈里森（Dymoke & Harrison，2008）认为，反思性教学不仅是一个技术过程——反思性理解不是在一夜之间发生的，也不仅仅是基于波拉德等人（2008）所言的“技术效率”。反思被视为一种渐进的理解，它将在日后的专业实践中体现为有效的教与学。

迪莫克和哈里森研究了反思性教学的社会、个体和政治背景，指出它要求个体具备丰富的知识和反思能力。

> 正是在与专业知识和实践的关联中，深度反思成为反思性实践的一个关键特征。如果反思性实践仅停留在技术层面，局限于对教与学策略和课堂资源的评估，将很难凸显它对于教师发展的重要性。而当反思性实践被用于更具批判性地探究教与学背后的基本假设时，它就会丰富我们的专业知识。（2008，p. 9）

这种观点与波拉德等人（2008）就反思性实践的第一个特征所提出的观点不同，这种观点假设教师知道如何批判性地反思自己的经验。波拉德等人的模型并没有像迪莫克和哈里森（2008）那样为教师提供深度反思的空间。我们面临的问题与这一假设有关，即教师是否愿意反思他们尚未意识到的行为。

波拉德等人（2008，p. 14）提出的反思性实践的第二个特征专门阐述了这一过程：“反思性教学是一种循环或螺旋式上升的过程，教师会在此过程中持续地监控、评估和修正自己的实践。”尽管这一定义是正确的，但它对该过程的描述为时尚早，因为真正有意义的行动中的反思源于深度反思和自我审视。舍恩（Schon，1983，p. 69）指出，行动中的反思是一个严谨的专业过程，涉及对实践中不确定性和复杂性的承认与反思，从而形成一种“专业知识的合法形式”。反思的质量对于教师而言至关重要，因为它直接影响教与学的质量，进而推动教师更深入地反思并改进教育实践。

博尔顿（Bolton，2005，p. 33）指出：“我们自身的各个部分都是相互关联的；实践并非仅由我们身体的某一部分承担，而个人生活涉及另一部分。它们甚至可能通过一些看似无关的因素，并以令人惊讶的方式联系在一起。那些看似毫无来由地出现在反思性实践记录中的微不足道的事情，可能正是核心所在。”根据博尔顿（2005）的观点，我们无法将个人的价值观和信念与我们的专业实践和身份割裂开。反思和反身性使我们通过深刻质疑自己的实践及行为，在信念、行为、情感和价值观之间建立重要的联系。

此外，博尔德（Bold，2008，p. 14）将反思比作“剥洋葱”。她指出，“洋葱的外层”象征着一个人的价值观和信念。对于教师而言，价值观的重要性与反思的各个层面紧密相连，因为价值观贯穿于“洋葱”的每一层，影响着反思过程的每一个环节。

波拉德等人（2008，p. 26）提出了一个折中的观点，他们认为：“反思性实践的目标是支持人们从基于常识思维的常规行动向基于专业思维的反思性行动转变。”波拉德等人（2008）探讨了常规行动和不良习惯，指出教师需要时间思考自己的不良习惯，进行反思并采取行动，以这种方式将反思转化为具体的行动或者做出改变。波拉德等人（2008）指出，通过这种“螺旋式上升的过程”，教师能够察觉并意识到自己的隐性行为，这表明他们愿意打破自我延续和重复的循环。波拉德等人（2008）在反思方法上表现出较强的专业性——对于他们而言，基于常识思维的常规行动与基于专业思维的反思性行动之间的相互作用是关键。借助于专业知识，波拉德等人（2008）主要关注反思性教学中所采用的技术方法。这与博尔德（2008）和博尔顿（2005）所认为的对反思性教学的理论及实践至关重要的因素存在显著差异。教师在面对可能存在的问题情境时，其他类型知识的相关性将成为一个关键因素。博尔顿（2005）揭示了这一层面，并指出支撑专业实践的显性价值观和隐性价值观，提出应用与理解是两种相辅相成的要素，当将反思作为改善合乎道德的专业实践的工具时，这两者缺一不可。

波拉德等人（2008，p. 14）提出的反思性实践的第三个特征表明，反思是一个持续的过程——“反思性教学需要教师掌握基于证据的课堂探究方法，以推动教学标准的不断提高”。波拉德等人（2008）再次假设教师愿意发展这种能力，并丰富自己的知识，进而改善自己的实践。波拉德等人（2008）强调，适当应用方法论是必要的，它可以为更高层次的反思和实践变革创造条件。这里的潜在假设是，教师了解方法论，并能在批判性反思中运用逻辑而非情感。然而，鲍德等人（Boud et al.，1985，p. 194）指出：“反思常被视为一种智力练习、一种严谨思考问题的表现。但是，反思不仅是一个认知过程，且情感是所有类型的学习的核心。”

同样，弗莱雷（Freire，2005，p. 15）提出：“真正的反思不能脱离行动而存在。”行动是反思过程中的一个关键要素，因为当行动被排除在反思过程之外时，我们的感知可能会受到个人偏见的“污染”。福和加德纳（Fook & Gardiner，2007）认为，正如波拉德等人所暗示的那样，反思比思考深刻得多。反思既基于理论，也基于实践，它建立在个体的理解之上，并且与社会环境密不可分，这一观点与迪莫克和哈里森（2008）的看法相似。

波拉德等人（2008，p. 14）提出的反思性实践的第四个特征表明：“反思性教学需要教师具备开放的心态、责任感和全身心投入的态度。”然而，这一观点却给个人的专业实践带来了影响，因为一些关键变量被忽略了。波拉德等人（2008）认为专业知识是挑战实践的主要途径，并提出教师应承诺对自己的语言、行为和假设进行质疑。此外，如果教师利用反思性教学来指导持续的实践，那么可以假定他们会提出问题，从而促使自己对已发生之事及其原因和影响进行反思。真实的情境要求教师具备真正的知识；这些知识来源于经验，包括个人经验和专业经验。在反思性教学中，这些知识在社会、个体和政治背景下具有双重重要性。反思不是指要达到某个上限或要跨越某个界限，而是涉及教师如何看待自己作为教师和学习者的身份，让他们能够在运用个人知识和专业知识的同时关注自己潜在的情感、价值观和信念。

鲍德等人（1985，p. 19）提出了这样的观点：“反思是一种重要的人类活动。在这种活动中，人们重新捕捉自己的经验，并对其进行思考、反复琢磨和评估。正是这种与经验互动的过程构成了学习的核心。”对于教师而言，用以指导我们理解自身经验或者将常识思维应用于经验和专业实践的价值观与道德观念之间的关系，并未融入波拉德等人提出的反思性理论中。

波拉德等人（2008，p. 14）提出的反思性实践的第五个特征表明：“反思性教学要建立在教师的判断之上，依据基于证据的探究以及其他研究的成果。”古德森（Goodson，2003）认为，反思性实践不仅仅是对个人经验的反思，还需要其对社会和政治背景有所认识。同样，博尔顿（2005，p. 5）指出，教师做出合乎道德的专业判断的权利正在被削弱——“他们正在被降级为技术人员，他们的技能被简化为纯粹的技术能力。为了保持政治和社会意识以及对活动的参与度，专业发展工作需要植根于公共和政治领域，而不仅仅是个人领域”。

根据博尔顿（2005）的说法，正是通过这种方式，教师开始反思他们的道德观和价值观，以及进行个性化和专业化的判断。波拉德等人对反思性教学理论的概念化阐释的不足之处在于，他们没有深入探讨教师挖掘经验的能力，这些经验能促使其进行持续的批判性评估和发展对教育教学的认识。古德森（2003，p. 1）揭示了教与学中反思、知识和实践之间的内在关联，并提出了这样的观点：“我们所创造的知识通常与我们对自己的认知以及我们所进行的自我投射密切相关。”教师的大部分工作将建立在对他人的评估之上，因此，通过经验获得知识的认识论，以及反思性实践的过程和发展，绝不应被低估。根据舍恩（1983）所说，这构成了理解我们在这个世界上是谁的基础，为我们的专业判断提供了依据。舍恩（1983）认为，我们有可能识别出“行动中的反思”，即在通过反思经验来实现变革的过程中识别这种反思。舍恩说：

> 当一个人在行动中反思时，他就成为实践情境中的研究者。他不依赖既定的理论和技术范畴，而是构建一个针对独特案例的新理论。他不会将手段和目的分开，而是在构建问题情境时，以交互的方式定义它们。他不会将思考与行动分开……他的实验本身就是一种行动，实践被融入他的探究中。（1983，p. 68）

波拉德等人（2008，p. 15）提出的反思性实践的第六个特征进一步表明：“通过与同事合作和对话，教师的反思性教学、专业学习和个人成就感将得以提升。”这一观点确实具有说服力，因为他们提出思想的交流是构建知识的核心。

同样，博尔顿提出，反思是专业学习与发展的重要组成部分。

> 反思性实践是个体通过审视自己的实践、接受他人审查自己的实践，以及研究更广泛领域的文本，以实现学习与发展的过程。反身性则是指寻找策略，以旁观者的视角审视自己的思维过程、价值观、偏见和习惯性行为，这是一个不断聚焦的过程。（2005，p. 7）

波拉德等人（2008，p. 15）提出的反思性实践的第七个特征表明："反思性教学能使教师创造性地调和外部开发的教学框架。"这描绘了一个持续的反思循环图景，其中反思被视为教学的常规组成部分。

波拉德等人（2008）提出的反思性实践模型在其时代是合适的。它对反思概念的理论分析进行了总结，为教师的专业反思打开了大门。然而，它淡化了个人知识和专业知识与社会和政治之间内在联系的核心地位，使得教师无法进入"反思的房间"。这可能是因为该模型没有足够关注实践，也没有让个体批判性地审视自身在个人、专业和教育教学方面的价值观及实践能力。然而，迪莫克和哈里森（2008）通过结合反思性实践与专业知识，使得教师不再停留在表面，而是深入其中。对于他们而言，反思的目的在于更深入地探究自己的观察和日常行为举止。因此，迪莫克和哈里森（2008）提出的模式更有助于教师批判性地思考、反思和应对潜在的假设。

反思观察

教师每天都要进行观察、评估、计划，并捕捉和支持儿童学习与发展中的重要时刻。反思观察过程非常重要，因为它有助于教师为儿童制订出适合其所处发展阶段的下一步学习计划，以巩固儿童已有的知识和能力。这意味着教师需要仔细思考每名儿童的特点及动机，了解他们的思维方式和学习方式。长期系统地反思自己和同事们收集的有关儿童的观察记录，将帮助你更有效地计划儿童的下一步学习与发展。

本质上，成为一名优秀的观察者，需要教师反思自己的观察、互动以及解读的客观性。同时，教师也需要反思自己对儿童发展的认知和理解。在观察儿童的过程中，教师正是在了解儿童的能力。随后，他们可以决定如何支持和拓展儿童的学习。教师在创设室内外学习环境方面发挥着重要作用。观察为其提供了有关需要为儿童提供何种学习经验的信息，同时揭示了儿童可能正在探索的概念。可见，反思观察是“观察—评估—计划”过程中的一个重要组成部分。

反思计划

通过反思自己所做的观察，教师能够提高自己的实践能力，并加深对自己所掌握知识的理解。反思可以帮助教师在“观察—评估—计划”的过程中，批判性地思考自己的观察、互动和解读。这意味着，他们要审视自己所记录的内容、自己的看法以及原因，并思考儿童游戏的过程。教师对自己所做的观察反思得越多，就越能理解这些观察。

计划与课程

英国目前使用的多种不同的早期学习课程包括：

- 苏格兰针对 0—18 岁儿童的《卓越课程》；

- 英格兰针对0—5岁儿童的《早期基础阶段》和《重要的0—5岁》；
- 威尔士针对3—7岁儿童的《基础阶段课程》。

以及他国的课程，包括：

- 爱尔兰针对0—6岁儿童的《早期教育课程框架》；
- 福禄贝尔教育法；
- 鲁道夫·斯坦纳课程（Rudolf Steiner curriculum）；
- 玛丽亚·蒙台梭利课程（Maria Montessori curriculum）；
- 瑞吉欧·埃米莉亚教学法（Reggio Emilia approach）。

无论教师使用哪种课程，他们都应该知道如何灵活应用课程，为儿童提供经过精心计划，具有挑战性、激励性且富有意义的学习体验。所有这些课程都要求教师根据观察计划有意义的活动，以支持儿童的学习与发展。

那些在多种活动中客观地观察儿童的教师，能够自行发现儿童的已有知识和能力。对儿童个体或群体的认知，可以帮助教师以一种支持儿童学习与发展的方式开发课程内容。当教师定期进行观察时，他们就会有很好的机会追踪儿童的兴趣，并为他们进行计划。观察将帮助教师深入了解是什么激发了儿童的兴趣并引发他们的好奇心。一旦教师认识到儿童的兴趣所在，《早期基础阶段》（2012, p.7）就会敦促他们“计划适合儿童发展的亲身经历和挑战……计划与儿童的真实想法有关的活动”。当教师密切关注儿童的一言一行时，他们就会对其独特的发展有更深入的了解。

教师可能会采用不同的方式记录他们的观察。然而，为了了解儿童的进步情况，这些观察需要被追踪。教师在记录观察时应该始终注明日期，即使是在便签上书写时也是如此。这一信息对于解读和理解儿童的发展进程至关重要，同时，反思自己对于持续观察所做的解读也是一种很好的做法。

教师需要回顾自己所观察到的一切内容，并考虑从他人那里收集到的有关儿童的信息。例如，在对安娜（5 岁 1 个月）进行了连续数周的观察之后，教师做了如下记录：

- 安娜的身体协调能力比较好，可以跑步、攀爬、骑脚踏车、跳跃和扔东西；
- 安娜具有内在动机——积极寻找蚯蚓和昆虫，并拿放大镜仔细地观察；
- 安娜表现出对昆虫标签的兴趣；
- 安娜有时会感到沮丧，并推开其他孩子；
- 安娜对积木感兴趣；
- 安娜参与了假装游戏。

教师如何利用这些有关安娜的信息规划学习环境？安娜在表达自己时是否遇到了困难？你会如何支持她？你可以计划哪些活动来帮助她发展自控能力？

儿童的学习方式是整体性的，因此教师在为儿童制订计划时，应确保其能接触到课程的所有领域。观察会让教师深入了解儿童在学习什么、如何学习，并将这些信息纳入课程计划。教师往往会用不同的方式记录儿童的进步，并在观察前充分熟悉他们所选择的课程，以便更好地理解评估过程及结果。

为学习环境提供资源——采取普遍的数学方法

学习环境必须包括儿童在家里玩的游戏材料，例如三种不同大小的“烹饪锅”。爱尔兰的《早期教育课程框架》（2009，p. 57）提出：“要为儿童提供一系列不同的数学工具，例如计算器、卷尺、标尺、身高表、秤和电话。”

数学体验和讨论的机会无处不在。儿童会表现出对数字和计数的意识，并且积极响应，摆放餐具即属于此类活动。数字是日常生活的一部分，体现为手指歌谣、动物的腿数、各类交通工具的车轮数量等。同样，儿童一直在进行分类、比较和解决问题。例如，通过“它是红色的吗？”“它是成熟的吗？”等问题帮助自己分类，对比和比较诸如“大于”“小于”之类的概念，用木质积木搭建“桥梁”，把两只鞋子正确地穿在脚上，以及扣扣子和穿外套。儿童自然地探索形状、空间并进行测量，会在日常生活中遇到比某物更长、更高或更重的东西。形状无处不在，例如，许多水果是球形的，三角形和棱柱是使建筑、球门柱和斜屋顶变得坚固的重要元素。在吃一块比萨的时候，儿童可以学习线条和点；在折纸的时候，儿童可以学习从二维平面过渡到三维空间，并通过重复使用镶嵌材料（这些材料要求其重复制作单一形状的图案、铺设木棒或者搭建“铁路轨道”）来构建平面图案。儿童还可以用丝带和彩带探索波浪线等灵活多样的线条。许多童谣和歌曲都包含了数学语言。在有关数学的现实情境中，儿童会从物体上跳下来再爬上去，或者靠近或远离物体。他们会积极地探索拓扑空间——上面、下面和穿过。《实现愿景：做自己》（2020，p. 69）要求教师：“承认你在特定学科领域（如读写、算术和数学）进行专业学习的责任。”

发展适宜性计划

观察是关键，就像了解儿童典型的发展顺序一样，这样才能发现那些具有重要意义的差异，并据此采取行动。为此，路易斯提供了一个有用的例子：

> 一位教师答应了哈季娅（7个月）的母亲的请求——在她家中对哈季娅进行观察。教师注意到哈季娅从别人手中拿东西，并且用右手捡起东西。她的左手看起来明显较弱，很少用来探索事物。此外，哈季娅的爬行方式也很不寻常，经常像个圆滚滚的东西一样滚动着爬行，而这位教师此前只观察到另外两个孩子以同样的方式爬行。（2022，p. 20）

哈季娅很快被诊断出患有脑性瘫痪，并得到了出色的专业帮助。这里的关键因素是观察和该教师对儿童发展的认知，而不是儿童的年龄。在为儿童制订计划之前，教师必须解读并理解自己的观察结果，这就需要教师进行反思。当把解读转化为计划时，其目的应该是让儿童的内心想法显现。如果教师不知道儿童是如何思考和学习的，那么他们如何能够充分地支持或者拓展儿童的学习呢？

制订计划过程中的一个重要部分是为儿童提供既能启发又能激励他们的体验。教师还需要考虑如何最有效地引入这些新体验，这些体验应基于儿童的已有认知，并能为儿童提供有意义的机会，让他们去发现、探索、参与活动、与他人交流并提出问题。此外，教师要抽出时间反思自己为儿童个体和群体确定好的计划。

为儿童个体和群体计划发展适宜性活动，需要教师收集所有有关该儿童或群体的已知信息。与你合作的人以及儿童的父母都可以为此提供信息，你需要将信息整合起来，以便全面了解儿童的实际情况。只有当所有这些信息都被汇聚在一起时，教师才能制订计划。教师有必要反思自己的观察结果，这一过程有助于为儿童提供富有意义的个性化学习体验。与使用某一单一观察案例相比，收集连续数周内所做的多份观察记录会更加有益。对三四份观察记录进行反思，有助于教师制订计划，从而帮助儿童在当下及未来发展各种可能性。

· 2021 年 8 月 2 日

米娅（3 岁 3 个月）找到了一个玩具小桶（与老式的胶卷盒差不多大）。她示意成人打开水龙头，帮她把小桶装满水，然后拿着这个装满水的小桶走到花园尽头的“消防车”那里。拿着装满水的小桶走到室外似乎是她游戏的一个重要部分。她这样做了好几次，才决定该喝水了。

· 2021 年 8 月 10 日

米娅今天在沙地里拉着手推车。

· 2021 年 8 月 16 日

在看了爸爸打板球之后，米娅在沙地上画了一些“板球门柱”，这样她就可以和约翰一起玩板球了。

· 2021 年 8 月 24 日

米娅沿着街道行走时，主动提及路过的每一扇门是关着的还是开着的。

米娅在做什么？她掌握了哪些技能？她是如何理解这个世界

的？我们能从中看到多少？你会如何为米娅正在发展的搬运图式（该图式与她的轨迹图式并行发展）制订计划？她的语言发展水平向你透露了什么信息？她的语言发展是否正常？请寻找她游戏中的模式与关联，由此，你将如何围绕边界和周边设计有意义的体验活动，以激发她对围栏位置、出口路径以及突破边界的兴趣，并基于她已有的认知进行拓展？

支持其他发展领域的回应性计划

在深入钻研课程并对3岁5个月大的乔安娜进行观察和反思后，教师敏锐地发现：尽管乔安娜对书写活动抱有极高的热情，也乐于与成人互动，但她几乎未曾与同龄伙伴展开社交。意识到这一关键的发展缺口后，教师迅速将工作重心转向促进乔安娜构建同伴关系。正如爱尔兰的《早期教育课程框架》（2009）所强调的："儿童成长中的互动，既有自然发生的，也有经成人精心规划和决定的。"通过反思观察记录，教师不仅可以了解乔安娜已达到的发展里程碑，还可以发现她的其他发展需求，从而计划有意义的游戏体验，捕捉乔安娜与同伴互动的重要瞬间。

创设学习环境

一旦教师根据他们所使用的特定课程框架解读观察结果，他们就会对儿童的已有认知以及学习与发展情况有更清晰的了解。通过将观察与课程联系起来，教师将知道儿童正处在怎样的发展水平。针对儿童的重要行为表现，教师应运用与儿童有关的知识，并根据儿童的个体需求为其制订计划。

学习环境的正式创设虽然并非由教师负责，但其依然至关重要，因为儿童需要在由善于观察、反应迅速且知识渊博的成人所打造的空间中进行探索、创造、思考、想象并发展自我。此外，教师确实需要对学习环境的非正式创设负责，因为这正是他们工作的核心。这种非正式的环境创设取决于教师与儿童之间的关系，例如他们与儿童、家长以及同事共同建立的界限、期望和教育理念。领导力对于教育理念的建立和团队凝聚力的提升至关重要。

花园和室内区域等物理环境的创设也很重要，涉及教师摆放物品的方式、提供的物品、鼓励儿童使用现有物品的方式，以及儿童使用这些物品的时机。瑞吉欧·埃米莉亚教学法将环境称为“第三位教师”。教师需要认真且深入地思考以上内容。思考的过程实际上就是在非正式地创设环境。教师对儿童的非正式回应和与儿童的非正式互动会影响他们的计划。教师需要仔细思考如何根据儿童的兴趣创设物理环境和情绪学习环境。

反　　思

- 你的观察是怎样助力你为儿童个体制订计划的?
- 你如何使儿童的思维变得可见?
- 你将如何针对儿童个性化和差异化的需求制订计划?
- 你是如何审视和反思自己的实践的?

小　　结

反思你的观察结果，将有助于你深入了解如何以最佳的方式支持儿童的发展与学习。与同事一起反思你的观察结果，可以让你从多个不同的角度了解观察实践——反馈、建议和想法可以帮助教师改进教育实践。英国所使用的课程框架均遵循一个基本原则：与知识渊博且善于反思的教师建立的关系会赋予儿童自主性，使他们能够运用自己的已有知识和能力，并在无法独立完成某件事情时，让教师为他们提供帮助。对于儿童而言，知道如何在合适的时间以合适的方式寻求合适的帮助是至关重要的。

参考文献

Bold, C. (2008) 'Peer support groups: Fostering a deeper approach to learning through critical reflection on practice'. *Reflective Practice*, 9(3): 257–67.

Bolton, C. (2005) *Reflective Practice* (2nd edn). London: Sage.

Boud, D., Keogh, R. and Walker, D. (eds) (1985) *Reflection: Turning Experience into Learning*. London: Kogan Press.

Dymoke, S. and Harrison, J. (eds) (2008) *Reflective Teaching and Learning*. London: Sage.

Early Education (2012) *Development Matters in the Early Years Foundation Stage (EYFS)*. St Albans: Early Education.

Fook, J. and Gardner, F. (2007) *Practising Critical Reflection: A Resource Handbook*. Maidenhead: Open University Press.

Freire, P. (2005) *Pedagogy of the Oppressed*. New York: Continuum.

Goodson, I.F. (2003) *Professional Knowledge, Professional Lives: Studies in Educational Change*. Maidenhead: Open University Press.

Louis, S. (2022) *'A Froebelian Approach. Observing Young Children'*. London: The Froebel Trust.

National Council for Curriculum and Assessment (NCCA) (2009) *Aistear: The Early Childhood Curriculum Framework*. Dublin: National Council for Curriculum and Assessment.

Pollard, A., Anderson, J., Maddock, M., Swaffield, S., Warin, J. and Warwick, P. (2008) *Reflective Teaching: Evidence-informed Professional Practice* (3rd edn). London: Continuum International Publishing Group.

Schon, D.A. (1983) *The Reflective Practitioner: How Professionals Think in Action.* New York: Basic Books.

The Scottish Government (2020) *Realising the Ambition: National Practice Guidance for Early Years in Scotland*. Edinburgh: The Scottish Government.

第九章

与家长和同事分享观察结果

爱（3）班 姝燃（5岁）

本章将探讨如何在实践中将观察作为一种促进学习的工具，探究家园合作的现实状态并审视相关的挑战，论述家长个体知识结构与不同的参与模式之间的关联，以及教师的专业认知。此外，本章还将讨论教师与家长分享观察结果的频率问题，系统地论证在教师团队、家园场域及师幼互动中实现观察数据有效传递的实践路径。

尽管本书中呈现的大部分观察案例都展示了儿童作为“科学家”踏上崭新且令人兴奋的学习之旅，但家长和其他照护者也可以在日常生活中对儿童的不同行为进行类似的非正式观察。为了以有意义的方式与家长合作，教师必须理解游戏与学习之间的区别。游戏不等同于学习，但游戏能够促进学习。正如维果茨基所言：

> 在游戏中，儿童的行为表现总是超越其平均年龄水平，高于其日常行为表现；在游戏中，儿童仿佛比平时“高出一头”。如同在放大镜的焦点下，游戏以一种浓缩的形式包含了所有的发展趋势，并且它本身就是发展的主要来源。（1978，p. 102）

换句话说，儿童的发展将决定儿童的学习，但是在儿童的发展中，游戏才是主导因素。

家长对于游戏中儿童的观察，能够为教师提供有关儿童发展的额外信息。家长处于收集儿童发展、进步和学习的观察信息的理想位置，经常能观察到儿童在游戏中调整自己的想法，注意到儿童优化、组合、记忆和发展他们的期待。的确，家长会在儿童生活的各个方面支持他们的学习，以便儿童在学校和生活中取得成功。为此，家长会在家中与儿童进行多种活动。有时，教师只需要强调这些活动的教育价值，便能够促进儿童的学习。例如，鼓励家长使用最能支持儿童进步的材料和资源，推广和使用适合儿童独立探索的发展性材料，并为儿童提供开放性材料，以便他们能够自主进行实验和探究。

在实践中，教师需要向家长和其他照护者展示如何在游戏过程中支持儿童，同时要注意避免过于强势；还需要与家长交流他们对儿童行为的观察结果，鼓励家长分享他们引导儿童自主游戏的片段或基于儿童兴趣的游戏。

当教师与家长分享信息时，他们可以帮助家长更深入地了解学习过程及其重要性。将观察作为一种工具，不仅可以促进儿童的学习，而且能为教师创造了解每一名儿童的机会。通过分享和接收有关特定儿童的观察信息，教师能够更恰当地做出回应并与儿童进行互动。总而言之，教师的作用是通过向家长展示儿童构建知识和理解的方式来回应家长，并帮助他们支持儿童在家自主选择的游戏和探索。这种分享信息的经历可能会导致教师改变自己与儿童互动或回应儿童的方式。

促进学习

良好的家长参与是指家长知道自己能为儿童提供什么，观察儿童如何参与室内外的游戏和学习，用尽可能多的方式参与儿童的活动，并频繁地分享来自家庭、学校或其他教育机构的信息。它始于通过非正式沟通形成的有效的引导过程，例如循环展示图片，发送简报，以及举办解释儿童如何游戏、学习和发展的实用工作坊。这些活动与教育机构的教育理念有关，也说明了每名儿童的发展具有独特性的原因。家长与儿童的关键照护者共享高质量的育儿时光，就会拥有更多参与儿童活动的机会，教师可以为家长提供一些能与儿童一起做的简单活动或更具体的任务。一些幼儿园或其他教育机构会通过让儿童把便条带回家的方式，提醒家长谈论儿童当天的收获。对于在职家长而言，这可以作为联系家庭和幼儿园的重要纽带。

人们普遍认为，实际上，教师很难找到时间与家长或其他照护者建立真正的关系。梅尔休伊什（Melhuish，2007，p. 3）指出："建立成功的家园合作关系的关键在于，确保干预措施能够满足儿童、家长和幼儿园的需求。"

教师需要做到以下几点：

- 让家长和儿童都参与进来；
- 在最初的三年加强对弱势家长的支持，帮助他们满足儿童的需求；
- 避免给家庭贴上"问题家庭"的标签；
- 考虑多重风险因素；
- 计划持续时间足够长的干预措施以产生实际效果，并与家长协商和调整干预措施；
- 考虑文化适宜性。

与家长分享观察结果

教师应该尊重并借鉴家长和其他照护者有关儿童的个人认知。这表明教师承认家长对家庭学习的强大影响力，并理解影响儿童生活的诸多因素。麦克劳德－布鲁德内尔（MacLeod-Brudenell，2004，p. 412）引用了英国资格与课程管理局（Qualification and Curriculum Authority）的观点："父母是孩子最早且最持久的教育者。家长和教师在儿童教育中携手合作，会对儿童的发展与学习产生积极的影响。因此，每家教育机构都应努力与家长建立有效的合作关系。”

同样，“学前教育有效供给”项目的研究表明，家园合作对儿童的情绪健康、学习和发展至关重要。家长无疑是儿童生活中最重要且最具影响力的人。教师需要牢记：儿童会从父母那里学到很多东西。米勒、凯布尔和德弗罗（Miller，Cable，& Devereux）认为：

> 父母和其他家庭成员通过榜样示范及自身态度教导孩子如何表达情感、如何回应他人、如何作为男孩或女孩表现“得体”、如何关爱他人，以及如何理解这个世界。一个家庭的价值观、信仰、恐惧和偏见，至少在最开始的时候会被传递给孩子。（2004，p. 39）

教师需要告诉家长和其他照护者课程框架的目标及内容，并与其分享有关儿童学习与发展的知识。惠勒和康纳（Wheeler & Connor）指出：

> 教师与家长有效合作并让他们参与儿童学习的重要性怎么强调都不为过。儿童无论身处何地、与谁在一起，都会从他们的经历中学习。家庭和教育机构衔接得越紧密，提供的学习环境越丰富，儿童受益就越多。（2009，p. 130）

在与家长分享观察结果时所面临的挑战

众所周知，儿童是有趣的且会深入思考的个体。他们非常努力地了解周围的世界，且每个人都有了解世界的独特方式。教师的工作就是努力理解儿童学习的内容和方式，以便为他们提供相应的资源。然而，不是所有的家长都相信或者认可这一点。有些家长可能倾向于信赖“3Rs”[①]，并持有非常传统的教育观念。在与家长分享自己的观察结果时，教师需要发挥重要的作用，解释儿童的行为和动作的意义，以及儿童所经历的每一个步骤。这可以让家长放心，并理解儿童所经历的每一个阶段都有其价值，教育不应急于求成。随后，家长可能会分享他们的观察结果。

教师可能面临的另一个挑战是：如果他们想向家长展示儿童曾经做过的事情，许多家长则认为教师将要讨论的是儿童的不良行为。这种令人担忧的关系在家长和幼儿园之间普遍存在。家长觉得他们必须保证儿童具有良好的行为，除此之外便无须承担其他责任。西拉杰－布拉奇福德、克拉克和尼达姆（Siraj-Blatchford，Clarke，& Needham，2007，p. 53）引用格伦达·麦克诺顿（Glenda MacNaughton）的研究以说明许多家长的行为模式：“麦克诺顿（2003）提出了一种‘遵从流程’（conforming process），让家长与幼儿园签订家园契约，促使家长必须遵从幼儿园对其提出的教育要求。”

幼儿园教师与家长共同观察的行动在儿童进入幼儿园的那一刻起就开始了，通常是以家访的形式开启的，因此这类行动被解释并被认为是良好的幼儿教育实践的基石。当然，家长之间也会互相交流他们的观察结果，并从中获得安慰。许多家长喜欢看孩子的学习活动以及其中的观察记录。这虽然是大多数家长的新体验，但他们仍期待着与关键教育者讨论孩子的情况。然而，近年来，出于多种复杂的原因，英国的许多学校和其他教育机构中被认为存在发育迟

① 通常指阅读（reading）、写作（writing）和算术（arithmctic）。——译者注

缓的儿童的数量有所增加。有时，家长很难接受基于观察证据得出的结论，即他们的孩子可能有某种额外的需求。教师可能对家长表示同情，但一定不要因观察结果给儿童贴上标签。家长可能会因为自己的孩子没有被视为正常发展的儿童而感到愤怒——无论“正常”到底意味着什么。

其他强大的影响因素可能已被引入，也会挑战教师与家长之间的关系。有时，家长可能会因幼儿园或其他教育机构以及某种教育文化而感到无能为力，觉得其教育理念过于专业化——几乎是科学化的——而家庭学习的价值未被重视。如果家长或照护者将英语或教育机构中主要使用的语言作为第二语言或第三语言，那么这种情况可能会加剧。所以，那些希望为孩子提供最好的条件的家长都希望遵循“官方路径”，也就是说，家长看到 3 岁的孩子能够涂色并掌握正确的握笔姿势，便认为这就是一种实实在在的成功。然而，这与我们所期望的完全相反，因为它会抑制儿童探索和自我调节的驱动力，影响他们的自我激励。德福奇和阿布沙尔（Desforges & Abouchaar，2003）指出，幼儿园更倾向于以机构的身份与家长合作，而不是与家长进行带有反思性和分析性的对话。正如席尔瓦（Sylva，2004）等人所指出的，除非幼儿园主动与家长建立联系，否则家庭文化在学习方面的潜力将无法得到充分利用。

儿童在学习与发展方面的成功既不取决于他们是忙碌还是安静，也不取决于他们是否制作了一个模型或画了一幅画带回家。教师的作用是为儿童开发、设计、准备和计划一系列活动及有意义的学习体验。除此之外，教师还需要仔细思考每名儿童及其所做的一切，了解其学习需求是什么，以及他们正处于哪个发展阶段。教师需要秉持义务观，站在群体或班级的立场考虑问题，想一想儿童在哪些领域还需要额外的支持。尽管为这些事情做好计划很难，但这就是善于观察的教师努力做的事情——以儿童为中心进行观察。当教师与家长建立了良好的关系时，他们不需要向家长展示儿童所做、所写或所创造的一切。相反，他们可以与家长深入交流儿童的表现，回忆游戏的整个场景，这些场景展示了儿童的学习以及儿童在学习过程中所经历的阶段。教师所面临的挑战是帮助家长认识到，我们与其分享的内容正是儿童强大的学习能力的证据。

关于教师如何最好地与家长合作的讨论自 1967 年的《普洛登报告》[①]（Plowden Report）和 1978 年的《沃诺克报告》[②]（Warnock Report）发布以来就一直存在。然而，近几十年来，这一领域的研究者的态度发生了变化。正如阿西（1990，p. 20）所指出的："20 世纪 60 年代和 70 年代的大多数研究都是为了帮助那些不称职的家长。"皮尤和戴思（Pugh & De'Ath，1989）、德福奇和阿布沙尔（2003）、德雷珀和达菲（Draper & Duffy，2006）以及玛吉·惠利（Margy Whalley）和佩恩·格林（Pen Green）团队（2001—2004）对此均持有相同的观点，他们认为所有家长都对子女的发展和进步感兴趣。

西拉杰－布拉奇福德等人认为：

> 家长与教师之间的合作关系被麦克诺顿（2003）描述为一种遵从的关系，在这种关系中，教师是洞察儿童学习的专家，因此也是决定最佳教育方式的专业人士……专业人士掌握着权力。卡彭特等人（Carpenter et al.，1996）指出，专业人士利用

---

① 《普洛登报告》是英国教育史上具有里程碑意义的报告，由英格兰中央教育咨询委员会于 1967 年发布，正式名称为"儿童及其小学（Children and Their Primary Schools）"。——译者注

② 《沃诺克报告》由玛丽·沃诺克（Mary Warnock）领导的残障幼儿教育调查委员会于 1978 年发布。——译者注

其职责做出判断并控制需要做的事情。这时，家园合作机制没有体现出双向的观点交流，家长也不被期望过多地参与子女的教育。（2007，p. 50）

德福奇和阿布沙尔（2003，p. 4）综述了许多有关这一问题的研究。他们得出结论：家长在家中的行为“对儿童的学业成绩和适应能力有着显著且积极的影响，即使在排除其他影响学业成就的因素之后，这种影响依然存在”。同样，席尔瓦等人的研究（2004）也证实了如果儿童的家庭文化和学校文化脱节，尤其是在教育情境中毫无交集，儿童就会处于劣势。因此，如果我们接受“家长作为合作伙伴”这一理念——包含平等、共识和共同努力——并认为这是积极的，那么就有必要识别出那些可能无意中阻碍专业人士在幼儿园和其他教育机构中发展有效的家园合作关系的结构性障碍。基于这些原因，教师有必要与家长保持紧密的合作，以便为儿童提供高质量的保育和教育。

值得关注的是，福禄贝尔教育法揭示了 21 世纪新自由主义将“服从”“问责”和“竞争”视为儿童教育方式的谬误。儿童应属于学习者共同体（家长、教师和儿童以互助的方式共同协作以支持儿童的学习）的一部分。

当我们考虑“权力”与“知识”的概念时，家长、专业人士与教育机构之间形成的关系是复杂的、不平衡的，各方利益相关者似乎对儿童有着截然不同但又相互关联的利益和时间投入。显而易见的是，权力向教育机构一方的倾斜，会使教育机构在这一关系中占据主导地位，因为它影响着教育机构的政策。尽管存在这些结构性限制，而且教育机构可能拥有不同程度的控制权，但所有教师在选择如何与家长互动、回应家长和参与教育问题方面都拥有相当大的权力。知识和权力密切相关，格维尔茨和克里布（Gewirtz & Cribb，2009）指出，专业人士的权力“植根并有赖于他们能够接触到被社会认可的知识”。鉴于这种关系中权力基础所隐含的不平等，一些幼儿园可能认为家长参与不重要，这将对家长参与其子女学习的程度产生重大影响。

麦克诺顿（2003，p. 269）认为，邀请家长和其他利益相关者参与政策制定、资源管理、评估服务，并将关于儿童“学什么”和“怎么学”的决策权下放，就会实现从“知识 / 权力”关系转变为促进“民主的公民权”，此时家长在教育中的参与方式才会真正发生转变。

解决办法

显然，主要问题在于结构性障碍如何影响教育机构内部个体关系的发展。其中，对家长和教师个人发展的支持应是重点。结构性改革堪称构建适配型家园参与范式的核心要件，因为它有助于强化专业实践。因此，幼儿园和其他教育机构必须考虑如何积极促进家长分享知识及理论认知，也要考虑推进教师专业发展的策略，以消解家园合作中的障碍。

惠利和阿诺德（Whalley & Arnold，2013，p. 111）指出，幼儿园可能会无意中使家园沟通变得困难：“幼儿园有时会有一些规则，这些规则使儿童很难获得平等的参与机会，例如规定儿童必须穿着昂贵的校服。”显然，如果要与家长共享信息和目标，幼儿园就要做出改变，这是至关重要的。对此，幼儿园必须认识到，教师和家长在这种合作关系中是相互联系的，家长需要在共享教育愿景和决策中发挥积极的作用。弗莱雷说：

> 要认识到我们自身的无知并放弃我们是真理和知识的唯一拥有者的观念。要认同他人，认识到“为世界命名”并非精英阶层的任务。重视他人的贡献，并谦逊地倾听他人，尊重不同人所持有的独特的世界观。（1970，p. 71）

用这种方式，弗莱雷（1970）不仅敦促我们找到互惠的合作方式，还承认并接纳合作中固有的复杂性。

幼儿园和其他教育机构必须与家长建立良好的合作关系，这不仅是为了提供优质的服务，更重要的是为了改善其所在社区的儿童及其家庭的生活。在探讨立场的转变和权力的集体共享时，我们必须始终关注学习者。然而，就促进教师个人成长方面而言，幼儿园和其他教育机构的办学理念及价值观也不容忽视。实际上，在缺乏培训、资金、资源、时间和空间的情况下，教师不可能轻易放弃基于权力的传统关系。

专业发展

教师通常很少接受家园合作方面的培训，然而课程政策文件要求他们具备广泛的能力，以便有效地与家长互动。不容置疑的是，与家长合作既困难又复杂。因此，教师需要具备“应对”或“支持”家长的技能，这些技能应建立在家长的优势之上，而不是削弱他们的能力。为了使教师与家长更有效地合作，他们需要获得与其课程框架互补的培训。高质量培训的缺乏会进一步阻碍有效的合作。埃尔费和迪恩利（Elfer & Dearnley，2007）指出，现有的持续的专业发展（Continuing Professional Development，CPD）[1]项目未能充分解决教师的情感依附问题，从而进一步凸显了政策与实践之间的差距和张力。因此，幼儿园和其他教育机构迫切需要审视它们当前与家长的合作情况，然后批判性地反思需要采取的措施和需要进一步加强的举措。

为教师提供的培训和支持的水平也很重要，这将真正推动专业实践亟须的转变，因为它伴随着人们对“家长角色在儿童学习中不可或缺”这一认识的认可。明确所需的内容并评估所提供内容的质量，将有助于幼儿园和其他教育机构开始定义并衡量其家长工作的有效性。

此外，构建多种与家长和其他照护者分享信息的途径以讨论儿童发展的相关事宜，也至关重要。认识到家长和其他照护者所拥有的个人经验，以及他们对儿童怀有的热情，可以激励教师与家长和其他照护者进行对话。家长对孩子学习的了解应包括以下几方面（Louis，2020，p. 27）：

- 孩子的性格——内向还是外向？
- 孩子在家里喜欢做什么事情？
- 孩子在户外喜欢做什么事情？
- 孩子在遇到陌生人（无论是成人还是同龄人）时会有怎样的反应？
- 孩子离开父母时表现如何？
- 如果孩子还在使用尿布，那么他是否能够独立或在成人的帮助下如厕？

① 即专业人士通过不断学习和提高技能，以保持和增强其专业能力的过程。CPD 通常包括参加培训、研讨会、课程，以及阅读专业文献等活动，旨在确保个人在职业生涯中持续进步并适应行业变化。——译者注

- 孩子愿意自己尝试做事情吗?
- 孩子能够自己穿衣服、穿鞋子吗?
- 孩子是如何寻求帮助的，是通过某种特定的语言、手势还是其他方式?
- 什么东西会让孩子感到害怕?
- 孩子是如何表现出挫败感、愤怒或不安的?
- 孩子是如何与其他儿童一起玩游戏的?
- 孩子的表述是否清晰? 他们能否谈论过去和未来?
- 孩子是否有特别的兴趣，比如超级英雄、摔跤或者仙女?

与家长和同事分享并讨论观察结果

教师可以通过与家长和同事讨论观察结果来提高自己的观察能力，进而更深入地了解儿童的学习与发展。当教师与家长和同事讨论他们的观察时，他们会发现一些意义深刻的有用信息。例如，一位家长分享了以下观察。

> 拉斐尔（2岁6个月）拿起一卷画纸，并将其滚到地板上，这样纸的一部分展开，但末端仍然卷成一个圆筒。拉斐尔说这是“床”，并躺在了上面，他的头枕在画纸仍然卷起的“枕头”上。

教师需要思考如何将拉斐尔的兴趣融入家庭和幼儿园的学习环境中。为了支持拉斐尔的象征性游戏，你需要哪些资源？是否有有关形状变化的故事书可供使用？从整体上观察拉斐尔，你觉得可以进一步支持他哪些方面的发展？对于教师而言，反思自己如何制订计划以支持儿童的学习与发展是至关重要的。由此，教师可以向家长表明自己的知识是建立在对儿童的能力及其能够达成的成就的观察之上的。

另一位家长分享了以下观察。

在妈妈读了有关住在“鸡腿小屋”里的女巫“芭芭·雅嘎（Baba Yaga）”的俄罗斯童话之后，约翰（5岁3个月）请求妈妈多读几次这个故事。之后，约翰在图书馆找到了这个故事的另一个版本。在一幅画作中，他将两个版本故事的细节融合在一起，并且似乎很乐意接受这些不同之处。妈妈描述了约翰在画画的整个过程中都在自言自语地谈论着这些故事；而画画对他而言从来就不求结果，而是一个过程。约翰在完成这幅画后对这幅画完全不感兴趣，当被要求谈论这幅画时，他显得有些茫然。妈妈觉得这幅画很有趣，因为这是她第一次观察并理解约翰的学习过程。当她仔细观察这幅画时，她看到了长着“鸡腿”的房子、站在杵臼上的芭芭·雅嘎（俄罗斯女巫没有扫帚）、骨头和围绕小屋的骷髅围栏、一个黑色的面包圈，以及被困在房子里的孩子们。这是一次有趣的观察，因为约翰正在将故事中的外部刺激融入他的思维，并通过绘画使自己的想法变得可见——这也是一种思考方式。

教师在与家长分享观察结果时，可以将其与布鲁斯对“教学”的定义（“观察、支持和拓展”）联系起来。由此，所有观察都应旨在让儿童的内在思维变得可见。请记住，观察和倾听儿童以了解他们如何思考及理解世界是一种“特权”，教师应通过观察进一步了解他们所关注的儿童。

在另一个例子中，阿娃画了一些直线和曲线。她解释说这是“蛇梯棋”，但她从未玩过这个游戏。当她的父亲给她读雪莉·休斯（Shirley Hughes）的故事时，其中一幅插图展示了蛇梯棋的棋盘，她仔细地研究这幅插图并提出了许多问题。这是一次非常重要的互动，因为家长通过这次交流对孩子的学习过程产生了浓厚的兴趣。

与家长合作的原则

- 教师必须对当地社区及其可用的设施有充分的了解；
- 教师应尽可能地让家长参与幼儿园的各项活动；
- 教师应以正确的发音称呼家长的姓名，也应了解如何为使用第二语言的家长获取信息；
- 教师必须认识到，家长在孩子的学习与发展中发挥着至关重要的作用；
- 教师所采用的教育资源应当充分体现幼儿园所面向的家庭的多样性特征；
- 教师所提供的学习体验应始终与儿童的家庭文化以及他们的亲身经历密切相关，并具有文化相关性；
- 儿童的首要联系人应始终是主要监护人，幼儿园应与其建立沟通机制，确保家长与教师之间能够进行双向信息交流，尤其是在一日生活的开始和结束时；
- 幼儿园应定期提供正式和非正式的机会，让家长与教师交流儿童的学习情况；

- 所有教师都应参加有关平等与多样性问题的持续的专业发展培训；
- 幼儿园应利用每月的团队会议带领教师们批判性反思支撑专业实践的价值观和信念；
- 所有教师都应始终以热情、友善且平易近人的态度对待儿童及其家庭；
- 教师应定期举办工作坊，帮助家长增强信心，进而更多地参与儿童的学习，同时开展有关如何支持和促进儿童学习与发展的专题工作坊。（Louis，2020，p. 26）

反　思

教师有必要反思以下有助于他们与家长建立重要的合作关系的问题。

- 你如何表明自己十分重视家长对子女学习与发展的了解？
- 你如何促使家长参与对子女的教育？
- 你会提供哪些类型的活动来促进自己与家长的合作？
- 你对家长提出的问题重视程度如何？

小　结

如今，大多数幼儿园都能认识到与家长建立良好的合作关系的重要性，而挑战在于要找到一种在设计上不千篇一律、在方法上不受严格约束的方式，从而让教师和家长能够进行有意义的对话。理想化的模式是良好的合作关系的典范，教师可以通过这种方式加强自己与家长的合作，并发展、挑战和重新定义参与方式；而在另一个极端，却是一幅关系静止的画面。因此，我们迫切需要极大的突破，要承认并利用一种更具进步性的合作关系，这种关系会反映出更关键的维度，它能够用于识别何时需要转变立场以及如何重新分配权力。

参考文献

Athey, C. (1990) *Extending Thoughts in Young Children: A Parent-Teacher Partnership*. London: Paul Chapman.

Desforges, C. and Abouchaar, A. (2003) *The Impact of Parental Involvement, Parental Support and Family Education on Pupil Achievements and Adjustment: A Literature Review*. Research Report 433. London: DfES.

Draper, L. and Duffy, B. (2006) ‘Working with parents’ in G. Pugh (ed.), *Contemporary Issues in the Early Years* (4th edn). London: Sage. pp. 151–62.

Elfer, P. and Dearnley, K. (2007) ‘Nurseries and emotional well-being: Evaluating an emotionally containing model of professional development’. *Early Years*, 27(3): 267–79.

Freire, P. (1970) *Pedagogy of the Oppressed.* New York: Continuum.

Gewirtz, S. and Cribb, A. (2009) *Understanding Education: A Sociological Perspective*. Cambridge: Polity Press.

Louis, S. (2020) ‘Close to home’. *Nursery World*: 6–7.

MacLeod-Brudenell, I. (2004) *Advanced Early Years Care and Education*. Oxford: Heinemann.

MacNaughton, G. (2003) *Shaping Early Childhood*. Maidenhead: Open University Press.

Melhuish, E. (2007) ‘The Role of Research in the Development of Sure Start’. Institute of Education. University of London 5–8 September 2007. Conference Session Number 6.12. Symposium 8719.

Miller, L., Cable, C. and Devereux, J. (2004) *Developing Early Years Practice*.

London: David Fulton.

Pugh, G. and De'Ath, E. (1989) *Working Towards Partnership in the Early Years*. London: National Children's Bureau, London.

Siraj-Blatchford, I., Clarke, K. and Needham, M. (eds) (2007) *The Team Around the Child: Multi-Agency Working in the Early Years*. Stoke-on-Trent: Trentham.

Sylva, K., Melhuish, E., Sammons, P., Siraj-Blatchford, I. and Taggart, B. (2004) *The Effective Provision of Pre-School Education (EPPE) Project. Final Report: A Longitudinal Study Funded by the DfES 1997–2004*. London: Institute of Education, University of London/Department of Education and Skills/Sure Start.

Vygotsky, L.S. (1978) *Mind in Society: The Development of Higher Psychological Processes*. Cambridge, MA: Harvard University Press.

Wheeler, H. and Connor, J. (2009) 'Parents, Early and Learning: Parents as partners in the Early Years Foundation Stage – Principles into practice.' Jessica Kingsley Publishers.

Whalley, M. and Arnold, C. (2013) *Working with Families in Children's Centres and Early Years Settings*. London: Hodder Education.

Whalley, M. and the Pen Green Team (2001) *Involving Parents in their Children's Learning*. London: Paul Chapman Publishing.

第十章

将专业知识应用于实践

爱（1）班　恒恒（5岁）

本章将探讨知识、学习与教学方法之间的关系，并通过案例研究探索知识与经验之间的相互作用，还将着眼于教师在实践中创造和运用专业知识的复杂性，同时剖析何为优质的观察实践以及观察技能如何发展。更具体地说，本章将考察教师将专业知识从理论转化为一日活动和观察实践的能力。此外，本章还将探讨持续的专业发展对于教师改进观察方法的益处。

实践中的教学方法

在实践中，对儿童学习的观察应该能够引导教师促进儿童的学习与发展。教师针对儿童个体需求所做的解读与评估（包括在制订计划和回应中）正是这一过程的重要组成部分，当有机会进行反思和讨论时，教师将能发展和完善他们的专业知识与技能。

教学知识涉及两方面：一是了解课程内容以及如何促进儿童的学习与发展；二是能够有效地计划和实施富有激励性及挑战性的学习活动，以支持或提升儿童的实际发展水平。此时，教师既需要成为观察者，又要能与儿童互动，比如有时与儿童一起玩游戏，以支持和拓展他们感兴趣的内容，并创设学习环境，以便儿童自主选择他们想要做的事情。

定义知识

尽管理论家们的研究角度不同，但他们都阐明了有关专业知识的问题。这些理论家包括埃劳特（Eraut，1994）、古德森（2003）、哈格里夫斯（Hargreaves，1998）、赫加蒂（Hegarty，2000）、希伯特、加利莫尔和施蒂格勒（Hiebert，Gallimore，& Stigler，2002），以及费洛普、范・德里尔和梅杰（Verloop，Van Driel，& Meijer，2001）。他们关于教师促进儿童学习和自身专业发展中固有的复杂性的理论框架展现出了类似的立场，都试图识别不同类型的知识与个体之间的关系，并将其明确化。他们还一致认为，知识是流动的、不断变化和发展的，同时强调了教师的已有知识对学习的影响。埃劳特（2000）、希伯特等人（2002）和费洛普等人（2001）进一步阐明了这一点，他们认为在落实政策时，教师对专业知识的背景和历史层面的理解至关重要。

借鉴英国哲学家卡尔・波珀（Karl Popper，1972）有关知识的"三个世界（Three Worlds of Knowledge）"理论，希伯特等人（2002，p. 7）试图对"知识"这一概念进行定义。根据这一模型，知识被认为具有三个维度："第一世界 —— 与物理和现实世界中客体及经验有关的知识；第二世界 —— 个人的知识和技能；第三世界 —— 作为公共客体可以被存储和积累的共享观念。"理论缔造者认为，大多数教师可以被归入第一和第二世界。然而，他们也指出，建构可持续的专业知识不仅需要教师与第一和第二世界互动，还需要教师置身于第三世界中。需要注意的是，个人的动机、开放性以及学习意愿各不相同，这也将决定一个人是否做好了接触第三世界的准备。

为了有效弥合知识与实践之间的鸿沟，希伯特等人（2002）认为，教师的知识常常被划分为教学知识和技能知识，而这些知识可能脱离了具体情境。他们明确区分了技能知识和专业知识，建议技能知识要植根于特定的情境，是个人的、仅属于个体的；而专业知识应该是可共享的（且确实被共享），并通过共享提升和丰富教师的学科知识。由此，他们认识到，知识必须是可验证的，并通过验证实现专家水平的反思。正是这种验证将理论与实践联系了起来。关于教与学的观点分享，可以塑造并发展个人的经验。在这个过程中，技能知识可以协同生成，并被整合到一个可共享的公共知识库中。

某家幼儿园即将迎来检查，其负责人请了一位培训师为她手下的八名员工开展有关观察、评估和计划的定制化培训。她认为该机构的教师需要更仔细地审视他们的观察记录，以确保其客观性，也要学会识别他们所观察的儿童的其他问题。培训师先让参与者与同事分享自己对观察结果的解读，并重点说明了儿童的学习情况。随后，培训师与教师进行了一场讨论。这是一个重要的起点，旨在调动教师的知识经验。

个人知识

埃劳特（2002，p. 114）将“个人知识”定义为“一个人在特定的情境中所具备的认知资源，这种资源使他们能够思考和行动”。它还涵盖了命题知识的内容，即教师对如何进行观察有所认知，并能够描述这一过程，但不知道如何在实践中操作。埃劳特强调了混合形式的知识对熟练的教师所具有的指导作用的重要性，这可以使他们在不断变化的专业环境中精准地运用这些知识。他还指出："'学习'被定义为获取知识的过程。当现有知识被应用于新的情境，或者以新的组合方式被使用时，学习也会发生。由于这同样涉及新的个人知识的创造，因此知识迁移的过程仍然被包含在学习的定义中。"（Eraut，2000，p. 114）

从本质上来说，他认为学习过程本身而非最终的结果，才是最重要的因素，同时，学习发生的环境也同样关键。他还进一步指出，教师可以借助于他们积累的知识和经验，使自己那些隐性的理解和认知方式变得更加清晰。这一点在培训师讨论计划的制订和识别儿童学习中存在的具体差距时得到了印证——他们能够敏锐地察觉到儿童学习存在困难的领域，以及儿童学习进展缓慢的可能原因。基于此，教师提出了许多可行的干预措施，以解决儿童学习进展缓慢的问题。

重要的是，教师在解读和评估儿童的需求并计划一系列活动以促进儿童发展时，也是在为儿童提供个性化的保育和教育。事实上，观察的过程既是个人的，也是专业的，包括识别和回应儿童的需求、明确学习内容、根据观察结果创设室内外的学习环境，以及参与反思性实践。教师有必要反思自己有关教学方法和实践的理念，这些理念与专业知识、价值观以及对儿童学习方式的信念密切相关，并且要考虑这些理念在实践中的具体表现。教师的儿童观会影响他们的计划和教学方法。

费洛普等人（2001，p. 443）提出，教师的个人知识是相互关联的，应当与正式的命题知识相结合——"教师的个人知识在很大程度上由其个人经历、个人历史（包括学习过程）、个性特征、学科知识等因素所决定和影响"。他们认为"个人知识"会指导教师的行动。教师对于儿童学习者身份的看法对其教学方法和有效计划的能力有着巨大的影响。这意味着，知识有不同的形式。因此，当我们开始梳理这些因素时，也必须注意那些可以重新整合的因素，以及那些我们可能无法转化的因素。通过更加重视环境，并且认识到教师需要更多地了解儿童实际的认知学习方式，有关政策将得以推进。在专业知识的范畴内，还有什么能比教师、儿童以及教师将教育理念融入与儿童的互动中更为重要的呢?

专业知识

深入探索专业知识所蕴含的内容并揭示其来源是有必要的。参考舒尔曼（Shulman，1986）和赫加蒂（2000）的研究很有帮助，因为他们都认识到了一些关键因素，这些因素有助于我们确定如何识别并进一步发展教师的专业知识。然而，赫加蒂（2000）指出，将专业知识过度分类，既不能有效解释其如何影响儿童的行为，也不利于教师真正理解有效的教育教学。他进一步指出，教师的专业知识实际上存在于教育行为中，而这种行为是以观察为基础的。同样，舒尔曼（1986）区分了三种知识形式：命题知识（与理论相关）、案例知识（与经验和实际接触相关）以及策略知识（与教师在教育教学时的行为方式相关）。他还指出，教师的专业知识只有在教育情境中才能被有效地理解，因此，舒尔曼（1986）提到的“经验与策略知识”与赫加蒂（2000）提出的观点是相似的。埃劳特（2000，p. 120）也参与了这一讨论，他声称，我们需要的是“对专业人士的行为给出一个合理的解释，而非仅仅描述，并且要给人一种专业人士对各种情形都能加以掌控的印象，从而激发他们的自信心”。教师对儿童学习的认知过程的了解是其教育教学的核心所在。然而，他们的个人经历也必须被考虑在内，由此，他们对于儿童及儿童教育的抱负、价值观和信念（这些都与其个人成长背景有关）才能被准确地理解。

持续的专业发展

近年来，英格兰、苏格兰和威尔士的婴幼儿教师迎来了新的课程框架。这些框架提出了一个普遍适用的原则，所有婴幼儿教师都需要遵循。课程文件根据丰富的理论知识和研究成果制定，这些知识和成果通过人们公开分享观察实例、参考资料和资源得以显现。所有政策文件都高度强调专业性，并指出专业知识是必不可少的关键要素。这些文件由不同的机构监管，旨在为该领域的专业水平设定统一的标准。

专业知识、教学方法和实践之间的关系不应被低估。在现实中，这意味着专业知识要实时更新，以便教师能够持续反思儿童的发展和课程框架，从而为实践中的判断和决策提供依据。教师必须能够运用专业知识促进儿童的学习。苏格兰地方政府发布的《实现愿景：做自己》（2020，p. 10）对此做出了回应，该文件指出："持续的专业学习是早期学习与保育（Early Learning and Childcare，ELC）质量的一个重要组成部分，与儿童的发展密切相关。"同样，《早期基础阶段》（2021，p. 26）也提出："管理者必须支持员工参加适宜的培训并为其提供专业发展的机会，以确保他们为不断进步的儿童提供高质量的学习与发展经验。"这表明，他们认识到持续的专业发展培训是有效教与学的关键要素。当教师通过定期培训更新自己对儿童发展的知识和理解时，他们将能够在更坚实的基础上进一步提高自己的观察技能、专业知识和实践能力。

反思与知识

福禄贝尔明确指出，没有反思的观察是空洞的观察，永远无法带来真正的理解。利布施纳（Liebschner，1992，p. 141）在书中引用了福禄贝尔的话："既往的知识当然有助于引导我们的思维，但除非我们利用自己探索未知的能力，除非我们培养直觉并关注当下，否则人类的进步将会受到阻碍。"

教师可以通过反思对自己的观察进行审视——有意识且有目的地回顾一次重要的观察经历，以提取、探索并深化由这次经历所引发的学习。反思能够鼓励并激发教师的深度学习，从而促进其实现专业发展和改进实践。因此，对于教师而言，对观察结果进行反思之所以重要，有以下几方面的考量：

- 为了理解和分析儿童的动作与行为；
- 为了审视自己的反应和与儿童的互动；
- 为了思考自己的评估和判断；
- 为了将自己的所学应用于计划、互动和资源配置；
- 为了提高自己作为积极观察者的技能；
- 为了发现自己的知识盲点。

爱尔兰的《早期教育课程框架》指出：

> 具有反思能力的教师会利用有关儿童学习与发展的信息来思考自己的实践，并确定改进实践的方式。他可能会与同事以及其他专业人士合作进行反思。这种反思可能会导致教师改变自己与儿童及其家长的互动方式，重新布置活动室，调整日常

> 安排，规划特定的活动，或者提供具体的材料。教师也会与儿童及其家长分享评估信息，并利用这些信息制订计划，以促进儿童进步。（2009，p. 71）

反思意味着放慢脚步，从繁忙的日常中抽出时间，更仔细地审视观察结果并对其进行深入探究。对于教师而言，对反思过程的认识能够帮助他们更好地理解和解读自己的观察，从而拓展自己的思维，这一点至关重要。通过分享观察结果，反思也能帮助教师识别自己需要了解的内容，以增进自己对儿童学习与发展的理解，从而改进自己的教育实践。此外，反思还能帮助教师整合所有的观察数据，以便更好地理解来自他人的反馈和新的观察结果。

鲍德、基奥和沃克（Boud，Keogh，& Walker）进一步强调了这一点：

> 反思是一种重要的人类活动。在这种活动中，人们重新捕捉自己的经验，并对其进行思考、反复琢磨和评估。正是这种与经验互动的过程构成了学习的核心。人们的反思能力发展程度各异，而这种能力很可能正是那些能够从经验中有效学习的人的特征。（1985，p. 19）

教师的评论

教师需要认识到，仅仅观察是远远不够的，还需要思考儿童游戏和探索中的各种联系、复杂情况和模式。思考和建立联系有助于教师的学习。回到培训现场，教师们就学习环境这一问题分享了教学知识，并根据他们的观察结果共同创设了学习环境。他们讨论了所观察儿童的兴趣，并确保所有活动和体验都能激励儿童去调查、询问、探索并保持好奇心。从他们的讨论中可以清楚地看出，个人知识和专业知识与他们的经验是如何相互关联的。很明显，让教师发展基础知识，并不像希伯特等人（2002）所说的只有三个维度那样简单。参与讨论的教师所做的一些评论如下：

这让我能够反思并更多地思考我对儿童的感受，反思我在观察中基于自己有关性别和种族的刻板印象对儿童产生的偏见。

如果我们没有讨论观察结果，我想我不会意识到与他人讨论并反思自己的解读对于自身发展的重要性。

对我们收集到的观察记录展开讨论，将非常有助于我们制订计划。它使我能够更深入、更有意识地思考儿童之前的学习、正在发生的事情以及我为什么需要使他们的学习变得有意义。

发展专业知识

希伯特等人（2002，p. 6）进一步指出："在实践中生成的知识是详细的、具体的，且具有针对性。"在案例研究中，教师们确实发现了这一点——培训师在与他们分享知识时，并不是抽象地讨论"观察""评估"和"计划"这些概念，而是通过列举与他们的实际工作相关的例子，引导他们构建一个与日常实践直接相关且联系紧密的知识体系。

埃劳特（1994，p. 31）进一步指出，情境与教师的学习之间存在明显的联系。他认为，教师更多地沉浸于"行动环境"，而非"知识环境"。他提出，这种环境促使教师依赖一种"程序性知识"，这种知识通常不是经反思获得的，而且有很强的理论依赖性，高度依赖理论中的规则、观念、方法和原则来指导教师的专业实践。他主张，教师需要能够捕捉知识，并且明确看到混合形式的知识之间相互作用的依存性。他进一步阐述了自己提出的“相关知识”的概念，认为这种知识是随时可用于实践的，它是由个人的经验、反思、社会互动、文化习得、技能和实践共同构建而成的。在考虑知识如何在不同的情境之间转移时，这一点尤为重要。在教育教学中，当做出决策或者处理新情况时，教师要明确所需知识的类型，这需要他们能够识别与新情境相关的不同的知识类型。埃劳特认为，为了整合不同维度的知识，教师必须学会如何从以往的情境和背景中提取相关的知识。正是通过这种相互作用，知识得以转化。在案例研究中，一位教师首次参与了这种相互作用的过程，负责监控和评估她所负责的儿童的进步情况，这包括与其他提供支持的专家进行沟通。

同样，希伯特等人（2002，p. 6）也指出：“教师的知识之所以对实践有用，是因为它是针对实践中的具体问题发展起来的。”他们进一步解释说，专业人士需要能够将理论与实践灵活地联系起来的知识基础，这种灵活性体现在它能够不断地发展并在随后得到改进。作者们还提出了专业的知识基础的另一个关键要素——教师必须能够与同事分享并评估自己的实践。他们认为，通过这种方式，专业人士可以构建一个能够真正满足其专业需求的可持续的知识基础。这一观点也促使我们进一步思考“相关知识是什么？”这一关键且重要的问题。案例中的教师们参与了定期的小组讨论，并分享了他们的观察。

在实践中学习

与分享观察结果有关的问题有两个。第一，教师是否恰当地获取了专业知识？第二，当教师获取了这些知识之后，如何将其转化为行动，从而营造一种学习氛围，让教师愿意进一步发展？这两个问题正是理论与实践之间缺失的基本环节，如果不能解决，教师将难以独立地将他们的专业知识和个人经验融入实践。

埃劳特（1994，p. 20）深入探讨了教师在工作场所中的学习方式，特别强调了经验在生成新知识中所起的重要作用。他认为："专业知识是通过经验逐步构建的，其本质取决于对经验的逐渐获取、选择和解释。"在此基础上，希伯特等人（2002）进一步提出，在理论被转化为实践的过程中，新知识、新理解的产生将支持信息的交叉应用。

探索专业领域中的个人因素

案例研究显示，使用具体的案例将极大地推进教师的专业发展进程。培训师发现，一旦提及儿童的"重复行为"，教师们就会表现出极大的兴趣。这一问题引发了由教育机构管理者发起的有关儿童如何学习的深入讨论。具体的案例可以支持教师努力理解并联系大多数政策文件中均存在的准则，特别是"儿童通过游戏和探索来学习"这一准则。它还将学习视为过程，而非最终的结果，强调教师需要在解读所观察到的游戏和探索行为之前，理解并熟悉这些准则。由于这一突破，管理者和教师们开始展现出对儿童发展的更深入的理解。这具有重要的意义——通过改变自己的态度，管理者将更有能力去优化教师们的认知。

本书中所有涉及课程的政策文件都提出要将教学方法作为专业知识的重要特征。舒尔曼（1986）和希伯特等人（2002）坚持认为，教育教学需要将教学知识、学科知识以及有关儿童学习方式的知识进行复杂的整合。为此，教师必须具备全面的教学知识和理解能力，这些知识和理解能力可以被用于本书第九章所述的所有学习领域。真正重要的是，管理团队能否将知识从功能、情境和内容转化为实践。幼儿教育管理工作中的这些方面，要求个体对儿童发展有深刻的概念性理解。因此，准确认知什么是教学知识，以及如何以最佳方式分享知识，从而促进教师的专业发展并影响他人，这不仅对教师有重要的意义，对管理者和领导者同样如此。这是因为教学知识对于促进教师对儿童学习方式的理解至关重要。同时，领导力对于支持教师的工作也很重要，它是启动和支持个人专业发展的关键。政策文件提供了有关儿童发展的深刻见解，但有关领导力的问题仍需进一步完善——政策制定者需要更多地思考和讨论如何整合领导者所掌握的知识的各个方面，进而在所需情境中改进教育实践。

实践中的知识

随着培训的持续开展，教师们开始热衷于了解儿童绘画的可观察阶段，并在实践教学方法的过程中，将相关的公共知识和个人知识整合到他们的新认知中（Eraut，1994）。他们意识到一个行为能在多大程度上转变他们之前的认知，并捕捉到知识获取与学习过程之间相互依存与相互作用的关系。到培训结束时，这些教师清楚地认识到，他们在支持儿童学习方面所发挥的作用是基础性的，且至关重要。这表明埃劳特（2000，p. 126）和古德森（2003，p. 67）的论断是相关的，即教师的“知识具有高度的个人化特征”。

强调知识的高度个人性是教师培训的重要部分，因为他们经常提到自己对教与学及其文化建构的印象。从这个角度来看，对“文化”的一个有用的定义是：它是一个特定群体生活方式的特征，包括一系列的价值观、习俗和社会制度。班克斯等人（Banks et al., 1999）补充道，知识的建构受到个体的文化认同及其对教育内容的解读的影响。教师如何解读、整合和转化知识的各个方面，对其作为专业人士的自我认同有着重大影响。例如，有一位教师曾认为真正的学习只发生在正式的环境（而非创造性的环境）中，她用家长希望孩子接受正式的学习这一观点来支持自己的立场。对于她而言，儿童自主发起和自主选择的活动使她的工作变得更加复杂。

从经验中学习

希伯特等人（2002）主张教师需要从经验中学习。在培训过程中，这确实得到了体现。培训师考虑了多种方法，以支持教师将他们现有的知识应用于新情境，从而获得新认知，而教师们也开始更加深入地观察。科尔布（Kolb，1984）谈到“体验式学习循环”包括实践、反思、解读和计划。科尔布强调，经历和跟进循环中的每个阶段同等重要，并指出（1984，p. 38）：“学习是通过经验的转化来创造知识的过程。”在互动过程中，参加培训的教师们确实开始建立联系，并表现出更能珍视儿童的自由时间，将其视为观察儿童个体兴趣的机会，而不会将自己文化定义的思维或行为方式强加给儿童。正是在这种情境下，教师们体验到了成为反思型专业人士的价值（Schon，1983；Bolton，2005；Dymoke & Harrison，2008；Pollard et al.，2008）。最终，他们将愿意即刻做出改变，并关注自己的知识和隐性理论，从而积极主动地回应培训师的方法。大部分的个体学习就是在这一过程的不同阶段发生的。

正如埃劳特（2000）所指出的，通过培训，培训师会变得极为敏锐，并能够促进知识的转移；而教师可以将培训内容应用于实践，从而更加擅长教育实践，并对其工作产生更深刻的理解。随后，由于他们最终做好了通过新的流程进行学习的准备，因此该幼儿园在后续的检查中被评为“良好”。

发展专业实践

教师获取专业知识以促进儿童的学习，这涉及其多方面专业实践的提升，包括：提高指导专业实践的能力，更深入地研究教师如何将理论转化为实践，能够分享并促进自己与他人的专业发展，以及发展专业实践。这些成果大多依赖教师个体在发展自身知识方面的优势和技能。当然，所有专业人士都需要将自己的想法置于具体的情境中加以应用并反复实践，以便不断更新自己的专业知识和实践。埃劳特（2000，p. 130）指出：“知识由其获取和应用的情境所共同塑造。”重要的是要认识到，上述专业实践的提升可能只有在其与具体且特定的个人培训和发展需求相适应时才会有效。必须承认，学习确实是一个复杂的过程，它包含了学习者的历史性知识体系，并且融合了兼具社会性和个体性的经验，而这其中有三点尤为关键：教师发展专业实践的能力、个人动机，以及知识迁移。

反　思

- 你在观察中是如何使用专业知识的？
- 你如何通过促进个人和专业的发展来支持并改进自己的观察？
- 你使用了哪种策略？
- 你能描述一下自己是如何计划、组织和安排每名儿童的学习的吗？

- 你多久检查一次自己为儿童提供的学习环境的有效性？

小　结

可以说，个体的学习过程和动机与专业知识的发展和保持是相互关联的。从这个角度来看，教师的知识与实践相联系，并会受到实践中问题的驱动。此外，专业知识还与学习过程有关。正如希伯特等人（2002）所提出的，正是这个过程真正影响了教师的实践和知识基础。知识迁移的过程对于培训师和教师而言都具有重要意义，不应被轻视；因为他们在分享与反思自己的观察时都建立了真实的联系，并从他人那里获得了有益的反馈和建议。有证据表明，曾经有一位教师因此改变了自己对于性别和种族的看法。正是这一过程促使教师获取了“相关知识”，这不仅有助于其自身的成长，而且将从根本上促进儿童的学习与发展。

参考文献

Banks, F., Leach, J. and Moon, B. (1999) ‘New understandings of teachers’ pedagogic knowledge’ in J. Leach and B. Moon (eds), *Learners and Pedagogy*. London: Paul Chapman.

Bolton, C. (2005) *Reflective Practice* (2nd edn). London: Sage.

Boud, D., Keogh, R. and Walker, D. (1985) *Promoting Reflection in Learning: A Model. Reflection: Turning Reflection into Learning*. London: Routledge.

Department for Education (2021) *Statutory Framework for the Early Years Foundation Stage*.

Dymoke, S. and Harrison, J. (eds) (2008) *Reflective Teaching & Learning*. London:

Sage.

Eraut, M. (1994) *Developing Professional Knowledge and Competence*. London: Falmer Press.

Eraut, M. (2000) 'Non-formal learning and tacit knowledge in professional work'. *British Journal of Educational Psychology*, 70(1): 113–36.

Eraut, M. (2002) 'Conceptual Analysis and Research Questions: Do the Concepts of "Learning Community" and "Community of Practice" Provide Added Value?'. *AERA Conference Paper*, New Orleans, April 2002.

Goodson, I.F. (2003) *Professional Knowledge, Professional Lives*. Maidenhead: Open University Press/McGraw Hill Education.

Hargreaves, A. (1998) 'The emotional practice of teaching'. *Teaching and Teacher Education*, 14(8): 835–54.

Hegarty, S. (2000) 'Teaching as a knowledge-based activity'. *Oxford Review of Education*, (26)3/4: 451–65.

Hiebert, J., Gallimore, R. and Stigler, J. (2002) 'A knowledge-base for the teaching profession: What would it look like and how can we get one?' *Educational Researcher*, 31(5): 3–15.

Kolb, D.A. (1984) *Experiential Learning: Experience as the Source of Learning and Development.* Englewood Cliffs, N.J.: Prentice-Hall.

Liebschner, J. (1992) *A Child's Work: Freedom and Guidance in Froebel's Educational Theory and Practice.* Cambridge: Lutterworth.

National Council for Curriculum and Assessment (NCCA) (2009) *Aistear: The Early Childhood Curriculum Framework.* Dublin: National Council for Curriculum and Assessment.

Pollard, A.J., Maddock, M., Swaffield, S., Warin, J. and Warwick, P. (2008) *Reflective Teaching* (3rd edn). London: Continuum.

Popper, K.R. (1972) *Objective Knowledge*. Oxford: Clarendon Press.

Schon, D.A. (1983) *The Reflective Practitioner: How Professionals Think in Action.* New York: Basic Books.

The Scottish Government (2020) *Realising the Ambition: National Practice Guidance for Early Years in Scotland*. Edinburgh: The Scottish Government.

Shulman, L.S. (1986) 'Those who understand: Knowledge growth in teaching'. *Educational Researcher*, (15)2: 4–14.

Verloop, N., Van Driel, J. and Meijer, P. (2001) 'Teacher knowledge and the knowledge-base of teaching'. *International Journal of Educational Research*, (35)5: 441–81.